Ralf Johnen

FLORIDA
USA

50 TIPPS ABSEITS der ausgetretenen PFADE

360° medien

IMPRESSUM
Florida – USA
50 Tipps abseits der ausgetretenen Pfade
Ralf Johnen

© 2022 360° medien
Nachtigallenweg 1 I 40822 Mettmann
360grad-medien.de

Das Werk ist in allen seinen Teilen urheberrechtlich geschützt. Jede Verwertung außerhalb der engen Grenzen des Urheberrechtsgesetzes ist ohne Zustimmung des Verlags unzulässig. Dies gilt insbesondere für Vervielfältigungen, Übersetzungen, Mikroverfilmungen und die Einspeicherung sowie Verarbeitung in elektronischen Systemen.

Der Inhalt des Werkes wurde sorgfältig recherchiert, ist jedoch teilweise der Subjektivität unterworfen und bleibt ohne Gewähr für Richtigkeit, Vollständigkeit und Aktualität.

Redaktion und Lektorat: **360° medien**

Satz und Layout: **Lucas Walter**

Gedruckt und gebunden:
LD Medienhaus GmbH & Co. KG I Feldbachacker 16 I 44149 Dortmund
www.ld-medienhaus.de

Bildnachweis: siehe Seite 256

ISBN: 978-3-96855-007-7
Hergestellt in Deutschland

360grad-medien.de

Ralf Johnen

FLORIDA
USA

50 TIPPS ABSEITS der ausgetretenen **PFADE**

360° medien

VORWORT

Sonne, Strand und Meer. Darauf wird Florida gerne reduziert. Na gut, Disney World, die Universal Studios und all die anderen Kunstwelten rund um Orlando spielen in der öffentlichen Wahrnehmung auch eine gewisse Rolle. Doch wer sich auf das weit verbreitete und stets mit Palmen angereicherte Florida-Klischee beschränkt, kommt kaum an der Einschätzung vorbei, dass es zwischen Pensacola, Amelia Island und Key West ein bisschen langweilig zugeht.

Doch weit gefehlt. Wer sich auf den Sunshine State einlässt, entdeckt sofort Argumente für einen Aufenthalt, die weit über Müßiggang und Erholung in milden klimatischen Rahmenbedingungen hinausgehen. Florida hat eine atemberaubende Entwicklung hingelegt: Innerhalb von nur einem Jahrhundert ist aus dem kaum besiedelten und noch weniger beachteten Landzipfel am Rande des Kontinents ein extrem spannender Lebensraum geworden, der immer dichter besiedelt wird. Halb Amerika möchte hier inzwischen wenigstens den Winter verbringen.

Rastloser Motor ist Miami, das sich losgelöst von allen politischen Befindlichkeiten längst als Hauptstadt beider Amerikas fühlt. Englisch und Spanisch existieren hier gleichberechtigt nebeneinander, was Charme und Temperament dieser Stadt sehr zuträglich ist. Bei jedem Besuch ragen neue Wolkenkratzer in den Himmel. Auch die Hitliste der angesagten Viertel kennt rasch wechselnde Spitzenreiter. Spätestens seit ein Ableger der Art Basel Miami einen viel beachteten Platz auf dem Kalender gefunden hat, haben Stadt und Bundesstaat endlich ihren Komplex kultureller Minderwertigkeit abgelegt.

Das neue Selbstbewusstsein überträgt sich auf eine avancierte Architektur: In Florida kursieren noch die Millionen, die für den Bau neuer Museen und Konzerthallen erforderlich sind. Ja, sogar für das angemessene Erscheinungsbild von Parkhäusern engagiert man gelegentlich gefeierte Meister. Geschmackvolle Designerhotels und pompöse Boutiquen runden das Portfolio an.

Lebensfreude und Pioniergeist bestimmen auch den Alltag der örtlichen Genussmenschen: Überall in Florida revolutionieren Küchenchefs gastronomische Konzepte, wobei die Einflüsse der neuen mit denen der alten Welt verschmelzen. Das ist keineswegs eine ausschließlich elitäre Angelegenheit, denn allerorten poppen Food-Hallen auf, wo die Häppchen in aller Regel gleichermaßen köstlich wie preiswert sind. Müßig zu erwähnen, dass in den glitzernden Konsumwelten sowohl obszön preiswerte Schnäppchen wie auch bizarr teure Luxusartikel zu haben sind.

Weniger erfreulich ist der Umstand, dass die Küsten Floridas in weiten Teilen hoffnungslos zugebaut sind. Doch die Natur hat weiterhin ihre Freiräume. Ein Garant für ebenso aufregende wie preisgünstige Erlebnisse sind die rund 170 State Parks, die das „alte" oder das „vergessene" Florida für die Nachwelt konservieren. Ebenso wie der Nationalparks der Everglades müssen sie sich dabei vielerorts eines wachsenden Zivilisationsdrucks erwehren. Noch aber bieten sie von Norden bis Süden die Kulisse für erhabene Erlebnisse unter freiem Himmel, wo selbst hartgesottene Abenteurer auf ihre Kosten kommen.

Kurzum: Florida mag einst vor allem durch äußert angenehme Rahmenbedingungen auf sich aufmerksam gemacht haben. Mittlerweile jedoch ist die dynamische Entwicklung in allen touristischen Segmenten viel interessanter. Dies alles macht den Staat zu einem spannenden Terrain für einen Roadtrip. Der kann im Winter durch den weniger vollen Norden und im Sommer durch den temporär preiswerteren Süden führen. Umgekehrt aber macht es natürlich genauso viel Spaß. Weil über Florida in den zurückliegenden Jahrzehnten viel geschrieben worden ist, widmet sich dieses Buch fast durchweg dem weniger Offensichtlichen. Oft geht es um die Geschichte hinter der Geschichte. Nicht selten aber werden diese mit Geheimtipps angereichert.

Ralf Johnen, boardingcompleted.me

INHALTSVERZEICHNIS

WILLKOMMEN IN FLORIDA..10

TOP TEN DER SEHENSWÜRDIGKEITEN 14

KURIOSES & BESONDERHEITEN 20

MIAMI UND DER SÜDOSTEN..26
 1. Lincoln Road Mall: coolste Fußgängerzone
    des Kontinents 30
 2. New World Center: mit gut gefülltem Picknickkorb
    ins Konzert 34
 3. Wynwood Walls: warum Miami dank der Subkultur
    plötzlich ernst genommen wird 38
 4. Churchill's Pub: Punkrock in Südflorida.........................42
 5. Cubaocho: wie ein junger Flüchtling die kubanische
    Moderne rettete 46
 6. Lebenselixier ohne Zusatzstoffe:
    Cuba Tobacco Cigar Factory 50
 7. Key Biscayne Eco Adventure: wo Welten
    aufeinandertreffen 54
 8. Bonnet House in Fort Lauderdale:
    letzte Insel der Wildnis 58
 9. Sawgrass Mills: Power-Shopping am Rande
    der Everglades 62
 10. Florida Panthers: Wildkatzen auf Kufen...........................66
 11. Worth Avenue in Palm Beach: Geburtsort
    mit Grabstein 70
 12. Green's Pharmacy: wo Celebrities
    zum Fußvolk werden 74

ORLANDO UND DER NORDOSTEN 78
 13. Winter Park: Rückzugsort in der Kapitale
    der Kunstwelten 82
 14. Lake Osceola in Orlando: verwunschener Dschungel
    in der Stadtwüste 86

15. Leu Gardens: vom Industriekapitän zum König der Kamelien 90
16. Kennedy Space Center: schwereloser Lunch mit einem Astronauten 94
17. Ron Jon Surf Shop: Wahlheimat der Wellenreiter 98
18. St. Augustine: Sehnsucht nach Geschichte und Tradition 102
19. Villa Zorayda: Geburtsort der Fantasiearchitektur 106
20. St. Augustine Distillery: Überbleibsel aus Floridas Eiszeit… 110
21. Kingsley Plantation: unorthodoxe Geschichte der Sklaverei in Florida 114
22. Palace Saloon: ruppig aus Tradition 118
23. White Springs: zugeknöpfte Badegäste der ersten Stunde 122

DER NORDWESTEN UND DER PANHANDLE 126
24. Wakulla Springs: Gruselfilmkulisse mit gutmütigen Bewohnern 130
25. Apalachicola: angebliche Austern-Hauptstadt der Welt .. 134
26. St. Joseph Peninsula: fragiler Rückzugsort im Golf von Mexiko 138
27. Panama City Beach: Pappmaché-Monster an der Redneck-Riviera 142
28. Cedar Key: malerisches Marschland und Wirkungsstätte eines Bleistiftbarons 146
29. Crystal River: Welthauptstadt der Rundschwanzseekühe 150

DIE WESTKÜSTE 154
30. Riverwalk in Tampa: Wiederentdeckung des Fußgängers 158
31. Ybor City: Rückkehr der Zigarrendreher 162
32. Pinellas Trail: mit Muskelkraft durch den Sunshine State 166
33. Clearwater Marine Aquarium: Hollywoodkarriere einer verletzten Delfindame 170
34. Chihuly Collection: schwelgerische Skulpturen aus Glas 174

35. The Ringling: sagenhaftes Imperium eines Zirkusdirektors 178
36. Myakka River State Park: Schaulaufen der Schlangenhalsvögel und Silberreiher 182
37. „Shelling" auf Sanibel: mit gesenktem Haupt zum Glück 186
38. Cabbage Key: Paradies für Cheeseburger und Anekdoten 190
39. Matlacha Island: Künstlerkolonie mit Widersprüchen 194
40. Fort Myers: von Edisons Erfinderstube zu Fords Garage 198
41. Die Fifth Avenue in Naples: Millionäre auf dem Präsentierteller 202
42. Ten Thousand Islands: per Flüsterboot zu den Pelikanen 206

DIE FLORIDA KEYS 210

43. Key Largo: die „African Queen" ist im falschen Film 214
44. Turtle Hospital in Marathon: Reha für Schildkröten 218
45. Robbie's Marina: Scarface und die Salzwasserkrokodile 222
46. Bahia Honda State Park: Zug über das Meer 226
47. The Green Parrot: wo Hemingway von Elvis verprügelt wurde 230
48. Little White House: kleiner Bau mit großer Geschichte .. 234
49. Latitudes: echter Sonnenuntergang auf einer künstlichen Insel 238
50. Key Lime Bike Tours: Seemannsgarn im Sattel 242

ANHANG: UMWELTFREUNDLICH UND NACHHALTIG DURCH FLORIDA 246

REGISTER 252

BILDNACHWEIS 256

In den Monaten vor der Veröffentlichung dieses Buchs mussten Lokale und Besucherattraktionen immer wieder aufgrund der Corona-Pandemie ihre Öffnungszeiten einschränken oder zeitweise komplett schließen. Die in diesem Band angegeben Öffnungszeiten wurden gewissenhaft nach dem letzten bekannten Stand recherchiert – mit weiteren Änderungen ist jedoch nach der Pandemie zu rechnen, weshalb wir Lesern empfehlen, während des Aufenthalts in Florida Öffnungszeiten anhand der hier aufgeführten Internetseiten selbst zu überprüfen.

Täglich wiederkehrendes Schauspiel: Sonnenuntergang auf Anna Maria Island

WILLKOMMEN IN FLORIDA!

Florida! Ist das nicht dieses kulturlose Rentnerparadies, wo man auf dem Weg zu einem überteuerten Vergnügungspark ständig im Stau endet? An dieses Vorurteil muss ich zurückdenken, als ich bei den Recherchen für dieses Buch in einem kleinen, aber durchaus auffälligen Auto durch Palm Beach fahre. Ich habe mir einen Gimlet im Hotel The Breakers gegönnt, einem dieser neomediterranen Paläste aus der euphorischen Gründerzeit Floridas, wo jederzeit die Charaktere aus der Serie „Mad Men" an der Bar sitzen könnten.

Als ich zurück in Richtung Hotel fahre, ist es dunkel, aber noch früh am Abend. Dann stehe ich tatsächlich im Stau. Als ich die Ursache erkenne, werde ich nervös: Ein Streifenwagen, dessen Personal hektisch mit den Armen rudert. Das ist kein gutes Zeichen in den USA. Vor mir werden alle Wagen von der Straße in eine Einfahrt gelotst. „Jetzt haben sie dich", denke ich mir schuldbewusst. Das mit dem Cocktail war keine gute Idee.

Nach einer Rechtskurve aber weicht die von Jetlag beflügelte Paranoia der Realität: Ich werde mir erst langsam und dann plötzlich der Tatsache bewusst, dass ich mich auf einem dieser Milliardärsanwesen befinde, die ich am selben Tag im gleißenden Sonnenlicht aus dem Auto beäugt hatte. Wie sich herausstellt, ist der Auflauf einer jener Wohltätigkeitsveranstaltungen geschuldet, die man als in Palm Beach lebender Tycoon an Freitagabenden halt so organisiert. Ich bin beruhigt, doch leider gibt es kein Zurück: Schon reißt ein livrierter Dienstbote mit sichtbarer Geringschätzung die Tür meines Kleinwagens auf, um mir eine Marke in die Hand zu drücken, mit der ich das Gefährt am Ende des Abends wieder auslösen kann. Mit einer Kladde in der Hand fragt er mich nach einer Banalität. „Your name, Sir?"

Ich stammele, dass es sich hier offensichtlich um ein Missverständnis handele und ich nur ein harmloser Tourist aus Europa sei. Warum ich dann nicht einfach weitergefahren sei, möchte der Typ wissen. Eine berechtigte Frage. „Wahrscheinlich", sage ich kleinlaut, „bin ich einfach überfordert mit den Gepflogenheiten Ihrer schönen Stadt". Sein Wissensdurst ist abrupt gestillt. Mit ein paar abfälligen Handbewegungen dirigiert er mich zum Hinterausgang. Soll ich doch sehen, wo ich bleibe. Später in dieser tropischen Nacht denke ich lachend an die Situation zurück: So etwas kann dir auch nur in Florida passieren.

Jachtparade in Fort Lauderdale

Monster und Manatis
Dieser Vorfall hat seine Spuren hinterlassen. Daher will ich meinen Augen ein paar Tage darauf zunächst keinen Glauben schenken. Doch nach einer kurzen Inspektion steht fest: Es hat tatsächlich gefroren in der Januarnacht vor meinen Besuch in Wakulla Springs. Bibbernd kratze ich die Scheiben frei. Gegen 9 Uhr stehe ich im Besucherzentrum des State Parks und blicke auf ein Filmplakat. Ich sehe ein Monster, das mir in meiner Kindheit üble Träume beschert hat: „Der Schrecken des Amazonas". Der Trash-Klassiker wurde nicht in Brasilien gedreht, sondern hier, im Norden Floridas. Mein mulmiges Gefühl weicht erst, als ich wenig später zum ersten Mal in meinem Leben Manatis sehe, die immer so gutmütig dreinblickenden Rundschwanzseekühe, deren Anblick einen Trip in den Sunshine State wert ist.

So wie im Übrigen auch die Küstenlandschaft, die nur ein paar Kilometer weiter ihren Lauf nimmt. „Forgotten Coast" nennen die Einheimischen diesen Teil des Sunshine State. Hier unterhalten sich die Menschen in einer fremdartigen Sprache, die nur rudimentär an Englisch erinnert. Die Ketten und Konzerne, die Amerika sonst beherrschen, sucht man vergebens. Zum Mittag kommen Austern aus dem Golf und kühles Bier auf den Tisch. Und die Strände auf den Barriereinseln sind von unverschämter Schönheit. Kenner sagen: Je weiter man in Floridas Norden vordringt, umso besser lernt man den wahren Süden der USA kennen. Und der ist träge, altmodisch – und entsetzlich charmant.

Meilensteine auf dem Weg zur Metropole

Miami indes kann mit Betulichkeit nicht viel anfangen. Die Stadt ist heute rastloser denn je. Rundum die City ragen immer neue Wolkenkratzer in den Himmel. Von Frank O. Gehry über Cesar Pelli bis zu Herzog & de Meuron dürfen hier die renommiertesten (und teuersten) Architekten der Welt ihre Visionen verwirklichen. Sogar Parkhäuser laufen förmlich über vor guten Ideen. Und South Beach, das gerade das erste, an Turbulenzen reiche Jahrhundert seiner Existenz vollendet hat, strahlt schöner und heller als je zuvor.

Die Stadt, so viel ist auf den ersten Blick klar, ist immer noch jung. Dennoch beansprucht Miami im 21. Jahrhundert eine Führungsrolle. Offiziell beschränkt sich die Zahl der Einwohner auf nur 445.000. Der Großraum aber zählt rund sechs Millionen Menschen. Genug für den Status einer veritablen Metropole – und vielleicht auch zur Rechtfertigung jenes inoffiziellen Titels, den sich Miami schon jetzt verliehen hat: Die „Hauptstadt beider Amerikas", wo Nord- und Lateinamerikaner zusammenfinden. Für eine leuchtende Zukunft.

Diese Ambitionen Miamis waren mir auch vor meinem jüngsten Besuch nicht fremd. Wohl aber habe ich nicht schlecht gestaunt, als mir beim Frühstück ein ortsansässiger Argentinier vom jüngsten Hype berichtet hat: Wynwood. Hier haben sich bis vor wenigen Jahren kaum Einheimische und schon gar keine Touristen hin getraut. Nun aber habe er South Beach verlassen, um fortan dort zu leben. Weil sich in den Lagerhallen auf der anderen Seite der Biscayne Bay mehr als 70 Galerien niedergelassen haben und weil Street-Art und Subkultur ein weniger oberflächliches Lebensgefühl zulassen. In Wynwood fühlt sich Miami ein wenig an wie Berlin.

Perfekt mit dem Fahrrad: Key West

Karibische Küche und kubanische Kultur
Aber das ist nur eine von vielen Entwicklungen: So ist in Downtown mit dem Perez Art Museum ein Ausstellungshaus entstanden, in dem kühne Gegenwartskunst gezeigt wird. Und nur ein paar Blocks weiter entzückt Little Havana mit ungekünstelter Lebensfreude.

Florida aber müht sich nicht nur erfolgreich, das Leben mit mehr Kultur zu füllen. Auch in kulinarischer Hinsicht zahlt sich der immer neue Ehrgeiz aus. Die bisweilen ideenlose amerikanische Küche geht nunmehr bei hoher Produktqualität immer häufiger eine Allianz mit den frischen und würzigen Gerichten aus Lateinamerika und der Karibik ein. Sogar beim Bier können Feinschmecker aus Zentraleuropa inzwischen nur anerkennend Beifall spenden: Gegen die Handwerkskunst und Experimentierfreude der Mikrobrauerei wirkt das heimische Pils schnell ideenlos. Kurioserweise imitieren die Amerikaner besonders gerne ein Bier, das daheim als regionales Produkt geschützt ist: Kölsch.

All diese Entwicklungen machen einen Urlaub in Florida zu einer Entdeckungsreise. Gleichzeitig ändern sie nichts daran, dass meine persönlichen Lieblingsflecken Orte der Stagnation sind: Die 175 State Parks, die sich in allen Teilen des Sunshine State befinden, sind großartig. Hier ist Florida noch so, wie es vor 150 Jahren war. Unberührt, fragil, ein klein wenig unkalkulierbar und von erhabener Schönheit.

Plädoyer für den Roadtrip
Zweifellos ist es machbar, Florida von einer festen Ausgangsbasis aus zu erleben. Wer aber den Sunshine State verstehen und in seiner ganzen Pracht erleben möchte, sollte eine klassisch amerikanische Reiseform in Erwägung ziehen: den Roadtrip. Hin zu den breiten Stränden im Nordosten und zu den verschlafenen Dörfern im Panhandle, hinein in das Paralleluniversum der Vergnügungsparks Orlandos, weiter über den Overseas Highway bis nach Key West, auf zu den wunderbaren Inseln an der Golfküste und schließlich ins pulsierende Miami. Wer all dies auf sich einwirken lässt, wird nie wieder behaupten, Florida sei ein kulturloses Rentnerparadies.

TOP 10

DER SEHENSWÜRDIGKEITEN IN FLORIDA

---

1 **Der Art-déco-Distrikt in Miami Beach:** Einzigartig und von erhabener Schönheit: Die mehr als 1000 Art-déco-Bauten in South Beach sind Floridas kulturelles Erbe. Auch gelten die Hotels und Villen mit ihren Stromlinienformen und ihren tropischen Ornamenten gemeinsam mit den Wolkenkratzern und den sogenannten Prairiehäusern von Frank Lloyd Wright als maßgeblicher Beitrag zu einer eigenständigen amerikanischen Architektur. Ebenso bunt und schillernd ist das Publikum – besonders in der Dämmerung. *visittheusa.de/destination/miami*

---

2 **Key West:** Auch heute noch scheint Key West weit weg vom Rest der USA. Die Karibikinsel ist tropisch und betont tolerant. An den Hausfassaden wachsen Bougainvilleas, und die Bürgersteige des Koralleneilands werden von Palmen gesäumt. Ernest Hemingway nutzte dies schon vor knapp 100 Jah-

ren, um seine partyfreudigen Gäste in der familieneigenen Villa mit Salzwasserpool zu unterhalten. Heute aber muss Key West aufpassen, dass es nicht vom Massentourismus überrannt wird. Weil Amerikaner vorzugsweise im teuren Winter kommen, geht es im schwülheißen Sommer beschaulicher zu.
visittheusa.de/destination/florida-keys-und-key-west

---

3 **Little Havana:** Das kubanische Einwandererviertel von Miami ist keine Schönheit. Aber die Herzlichkeit und Lebensfreude der Menschen ist ansteckend: Sie frittieren leckere Empanadas, sie pressen einen erfrischenden Saft aus Zuckerrohr, sie drehen dicke Zigarren (wenn auch wegen des Handelsembargos mit Tabak aus der Dominikanischen Republik), sie tanzen Salsa und mixen schon mittags Mojitos – und wenn sie gerade nichts zu tun haben, treffen sie sich zum Domino-Spielen unter schattigen Bäumen.
www.miamiandbeaches.de/ stadtviertel/little-havana

4 **Die Forgotten Coast:** Florida wird oft auf seinen schillernden Süden reduziert. Zu Unrecht, vor allem wenn man das Flair der Südstaaten mag. Denn im Sunshine State gilt das ungeschriebene Gesetz: Je weiter nördlich man ist, umso mehr macht sich der Einfluss von „The South" bemerkbar. Besonders gut ist das im Küstenabschnitt des Panhandle zu sehen. In charmanten Städtchen wie Apalachicola reihen sich Südstaatenvillen mit Veranden aneinander. Doch auch herrliche Inselwelten, feine Sandstrände, frische Meeresfrüchte und eine gewisse Trägheit des Alltags wissen zu gefallen.

floridasforgottencoast.com

5 **Cedar Key:** Das abgeschiedene Eiland am Rande des Panhandle kommt bis heute ohne Trubel und Massentourismus aus. Zwar ist Cedar Key über eine Brücke mit dem Festland verbunden. Doch wahrscheinlich ist die im Golf von Mexiko gelegene Insel schlicht zu weit entfernt von den anderen Hotspots Floridas, um die Massen für einen Besuch zu begeistern. So bleibt Cedar Key ein herrlich ruhiger Flecken, wo man noch Entdeckungen machen kann. Vor allem mit dem Kanu, denn auf heute unbewohnten Nachbarinseln locken allerlei Relikte der Vergangenheit.
visitflorida.com/places-to-go/north-central/cedar-key/

6 **Palm Beach :** Florida wird in weiten Teilen durch Barriere-Inseln geschützt. Auf einem dieser Eilande liegt Palm Beach, das nicht nur einen sehr verlockenden Namen, sondern auch eine spezielle Aura besitzt. Nirgendwo leuchtet das Wasser des Atlantiks in satterem Blau, was an einer Stromschnelle des Golfstroms liegt, die wiederum durch die Nähe zu den Bahamas entsteht. Und, vermutlich bemerkenswerter: Nirgendwo in den USA leben mehr Tycoons, Milliardäre uns Celebrities aus dem Show-Business, worunter bekanntlich der 45. Präsident der USA. Doch wer die Augen offenhält, kann hier viel mehr entdecken. *visittheusa.de/destination/palm-beach*

7 **Everglades:** Die wasserreichen Landschaften und Mangrovenwälder des Nationalparks bilden ein einzigartiges Biotop für viele seltene Pflanzen- und Tierarten. Dabei handelt es sich nicht etwa um einen Sumpf, sondern um ein flaches, sehr breites und ausgesprochen langsam fließendes Gewässer, das von den Lasten der nahen Zivilisation bedroht wird. Daher ist in den Everglades unbedingt ein nachhaltiger Tourismus angesagt. Doch das ist kein Problem, denn nichts macht mehr Freude, als mit dem Kanu durch Flora und Fauna zu paddeln. *nps.gov/ever/learn/nature/plants.htm*

8 **Sanibel Island:** Das über eine Brücke mit dem Festland verbundene Sanibel ist die vielleicht schönste bewohnte Insel der Golfküste: Wunderbare Strände, eine ausgeprägte Radfahrkultur, kaum Einzelhandelsketten und ein entspanntes Lebensgefühl. Trotz der paradiesischen Verhältnisse laufen viele Menschen hier mit gesenktem Haupt über den Strand. Doch das liegt nicht etwa daran, dass Bewohner und Besucher depressiv wären. Nein, sie alle frönen lediglich dem „shelling". Das heißt: es wimmelt hier vor leidenschaftlichen Muschelsuchern.

sanibel-captiva.org

9 **Augustine:** Die älteste ununterbrochen bewohnte Stadt des Landes? Dieses Prädikat macht im Land der Superlative einiges her. St. Augustine beansprucht den Ehrentitel für sich, seit die USA sich mehr und mehr von der anglozentrischen Geschichtslesung lösen. Tatsächlich wurde die Küstenstadt

1565 von spanischen Kolonialisten gegründet. Ein für Amerika biblisches Alter, das sich in Form von Befestigungsanlagen und stilisierten historischen Bauten im Stadtbild niederschlägt. Darüber hinaus aber weiß das Städtchen auch mit autofreien Zonen, schönen Stränden und einem freundlichen Vibe zu gefallen. *visittheusa.de/destination/st-augustine-und-ponte-vedra*

---

10 **The Ringling Estate in Sarasota:** Florida besitzt weder Kultur noch Geschichte. So lautet ein gängiges Vorurteil. Doch wer das Anwesen von John Ringling besucht, wird schnell eines Besseren belehrt. Als Besitzer eines Zirkus-Imperiums hat der Mann im frühen 20. Jahrhundert seinen ganzen Kontinent begeistert und dabei enormen Reichtum angehäuft. Von seinem Vermögen hat er sich ein Anwesen an der Golfküste bei Sarasota gegönnt, das aus der venezianisch geprägten Märchenvilla Ca' d'Zan, einem aus Italien importierten Theater und einer gewaltigen Sammlung hochwertiger Kunstwerke besteht. *ringling.org*

KURIOSES & BESONDERHEITEN

AUS FLORIDA

Design District, Miami: Shopping gehört nicht nur für Amerikaner, sondern auch für deutsche Besucher zu den bevorzugten Freizeitbeschäftigungen. Was das betrifft, setzt der Design District in Miami neue Maßstäbe: In einem bis vor Kurzem ziemlich heruntergekommenen Viertel nördlich von Downtown haben sich zunächst Künstler, Designer und ein paar Akademien niedergelassen. Ihnen sind binnen kürzester Zeit die Luxus-Boutiquen mit den schillerndsten Namen gefolgt. Zwischen einigen Galerien haben nun Bulgari, Rolex, Dior und Konsorten ihre Flagship-Stores errichtet – frei

nach dem Motto: „The show must go on". Ein Musterbeispiel für den Turbokapitalismus, der in diesem Fall ein wenig anstößig wirkt, denn nur ein paar Blocks weiter beginnt mit Little Haiti eines der ärmsten Viertel Miamis.
Design District Miami: zwischen N Miami und NE 2nd Avenue und NE 38nd und 41st Street

Themenparks: Universal Studios Orlando: Unabhängig von den persönlichen Präferenzen, sind nach dem Klima und den Stränden die vielen Themenparks der wohl größte Publikumsmagnet Floridas. Fans von Disneyland und Konsorten finden immer wieder neue Gründe, ihre geliebten Etablissements aufzusuchen. Skeptiker grummeln derweil, dass die Parks sehr teuer sind und man eines dort mit Sicherheit nicht erlebe: Überraschungen. Wer eher zu letzterer Sichtweise neigt, könnte jedoch zum Einstieg die Universal Studios in Orlando ausprobieren, denn die Lebenswelt des Harry Potter hat dem Park eine märchenhafte Komponente verliehen. Auch hat der smarte Zauberlehrling Gesellschaft von einem eher plumpen Gegenspieler: Der grobschlächtige Homer Simpson darf in Orlando Hydranten umfahren und sich an seinem geliebten Duff-Bier laben.

Universal Orlando Resort, 6000 Universal Boulevard, universalorlando.com

Nostalgie: die Eisenbahn nach Key West: Als der steinreiche Industrielle Henry Flagler (1830 bis 1913) im Jahr 1883 erstmals ein paar Winterwochen in Florida verbringt, ist ihm sofort klar, dass die Zukunft des Staates im Tourismus liegt. Flagler war mit Öl zu enormem Reichtum gekommen, den er unter anderem zum Erwerb einiger vorhandener Eisenbahnlinien einsetzt. Sie dienen als Basis für ein eigenes Unternehmen, der Florida East Coast Railway. Mit ihr verfolgt Flagler große Pläne: 1885 liegen bereits Gleise bis nach St. Augustine, bald ist auch West Palm Beach erschlossen. An vielen Orten lässt Flagler riesige Luxushotels bauen, wo Reiche aus dem kalten Norden fortan ihre Winter verbringen – und ein Vermögen dafür bezahlen. Einige sind bis heute zu bewundern. Als 1896 die Biscayne Bay und damit das heutige Miami erreicht ist, hat Flagler immer noch nicht genug: 1905 gibt er den Bau einer Serie von 42 Brücken in Auftrag, die bis nach Key West führen. Das monumentale Projekt gelingt, doch es ist nicht von langer Dauer. Ein Hurrikan zerstört 1935 viele Brücken. Diese werden zwar wieder aufgebaut, doch die Zeichen der Zeit haben sich dahingehend gewandelt, dass fortan Autos darauf verkehren. Flaglers Vision jedoch sollte Bestand haben: 2019 haben 131 Millionen Menschen Florida besucht. Lediglich Kalifornien ist ein noch größeres Sehnsuchtsziel.

flaglermuseum.us/history/florida-east-coast-railway

Die State Parks: Die Strahlkraft der amerikanischen Nationalparks ist enorm. In Florida gilt das vor allem für die Everglades (die beiden anderen sind zu vernachlässigen). Doch der Erfolg des Ehrentitels droht die betreffenden Gebiete in Zeiten des Massentourismus zu erdrücken, was auch für den Lebensraum im Süden Floridas gilt. Gut zu wissen also, dass Florida zusätzlich über 175 State Parks verfügt. Die Schutzlandschaften konservieren den Ursprungszustand der zum Teil hinreißend schönen Landschaften für die Nachwelt – und das keineswegs nur an der Küste. Spuren der Zivilisation sind dabei nur spärlich vorhanden. So werden die State Parks zu einem herrlichen Ziel für Individualisten, die sich in den Weiten austoben

können, aber auch für Familien, die das Leben in der unberührten Natur genießen. Dabei ist der Besuch der hinreißend schönen Naturreservate auch noch kostengünstig: Der Eintritt für alle Insassen eines Autos kostet meist zwischen sechs und acht Dollar. Wer richtig Spaß daran gefunden hat, kann für 120 Dollar ein Jahresfamilienticket für alle Parks kaufen. Schöner und preiswerter geht Urlaub kaum.
floridastateparks.org

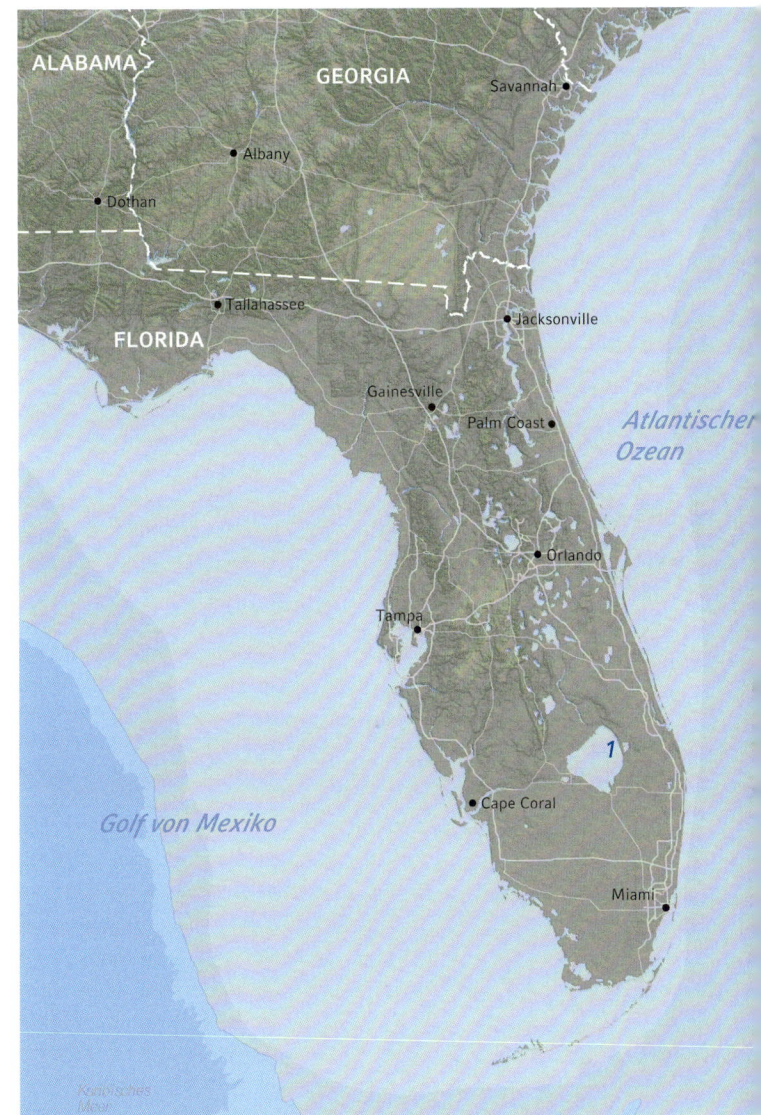

Miami und der Südosten

Glamourös: das Hotel The Breakers in Palm Beach

Miami und der Südosten

1. Lincoln Road Mall: coolste Fußgängerzone des Kontinents
2. New World Center: mit gut gefülltem Picknickkorb ins Konzert
3. Wynwood Walls: warum Miami dank der Subkultur plötzlich ernst genommen wird
4. Churchill's Pub: Punkrock in Südflorida
5. Cubaocho: wie ein junger Flüchtling die kubanische Moderne rettete
6. Lebenselixier ohne Zusatzstoffe: Cuba Tobacco Cigar Factory
7. Key Biscayne Eco Adventure: wo Welten aufeinandertreffen
8. Bonnet House in Fort Lauderdale: letzte Insel der Wildnis
9. Sawgrass Mills: Power-Shopping am Rande der Everglades
10. Florida Panthers: Wildkatzen auf Kufen
11. Worth Avenue in Palm Beach: Geburtsort mit Grabstein
12. Green's Pharmacy: wo Celebrities zum Fußvolk werden

MIAMI UND DER SÜDOSTEN

1. Lincoln Road Mall: coolste Fussgängerzone des Kontinents

South Beach Miami beherbergt mit dem Art-déco-Viertel das schönste architektonische Gesamtkunstwerk Nordamerikas. Hinzu kommt mit der Lincoln Road Mall die eleganteste Fußgängerzone des Kontinents. Die Einkaufsstraße setzt immer noch architektonische Akzente. Hier wird sogar ein Parkhaus zur Sehenswürdigkeit.

Oldtimer am Ocean Drive

Mit ihren Art-déco-Bauten haben die Architekten von South Beach eine der ersten eigenständig amerikanischen Ausdrucksformen geschaffen. Die bewohnbaren Kunstwerke bilden mit ihren pastellfarbenen Anstrichen, aerodynamischen Formen und geschmackvollen Ornamenten bis heute das vielleicht schönste zusammenhängende Viertel des Kontinents – zumal die meisten von ihnen in den zurückliegenden Jahren aufwendig restauriert wurden.

Der Baustil hat sich vor allem nach 1926 durchgesetzt, als ein Hurrikan weite Teile der in South Beach vorhandenen Bausubstanz beschädigt hat. Baumeister wie Henry Hohauser oder L. Murray Dixon hatten seinerzeit bereits eine zeitgemäße Architektursprache in der Schublade liegen. Sie basierte neben sichtbarer Funktionalität und nachdrücklicher Zukunftsgläubigkeit vor allem auf der Anpassung an die natürliche Umgebung.

Die Gebäude in South Beach sollten die Lebenswelt Floridas widerspiegeln. Dazu verwendete man die Farben von Flamingos, Palmwedeln oder des Meeres. Als bevorzugte Ornamente dienten derweil das stilisierte Abbild von farbenfreudigen Blumen, bun-

MIAMI UND DER SÜDOSTEN

Palmen und Art-déco

ten Schmetterlingen oder exotischen Fischen. Weil es bei aller Schwelgerei etwas Neues zu schaffen galt, wurden bei den Gebäuden geometrische Formen und aerodynamische Strukturen hervorgehoben. Um die Bewohner vor übermäßigem Sonneneinfall zu schützen, haben die Architekten die Fenster mit den charakteristischen „Augenbrauen" versehen, die an so vielen Entwürfen zu sehen sind. Unter dem Strich war damit ein neuer Stil geboren: Der „Tropical Deco".

Mehr als 800 Bauwerke im South Beach der Gegenwart weisen die Erkennungsmerkmale der tropischen Spielweise des Jugendstils auf. Ihr guter Zustand allerdings ist keine Selbstverständlichkeit, denn als sich Miami von den 1950er- bis 1970er-Jahren immer mehr zu einer schmiergeldverseuchten Kapitale des Verbrechens entwickelte, hatten es Investoren auf die wertvollen Grundstücke abgesehen. Eine couragierte Frau namens Barbara Capitman verhinderte 1976 durch die Gründung einer Denkmalschutzorganisation, dass viele dieser Schmuckstücke dem Erdboden gleichgemacht wurden.

Parkhaus von Herzog & de Meuron

Auch die schönste Fußgängerzone Nordamerikas wird von einigen formschönen Bauten flankiert: Die Lincoln Road Mall breitet sich zwischen Washington Avenue und Alton Road auf einer Länge von rund 800 Meter aus. Dabei ist die Straße breit genug, um schicken Lokalen Platz für Außengastronomie einzuräumen, was besonders am neonbeleuchteten Abend eine Augenweide ist. Die Ladenflächen gehören zu den begehrtesten Südfloridas, weshalb die Geschäfte unabhängig von der jeweiligen Belegung ein Garant für ein glamouröses Angebot sind. Einen ausführlichen Blick wert sind unter anderem das Lincoln-Drexel Building an der Kreuzung der beiden gleichnamigen Straßen sowie das Colony Theater, Hausnummer 1040.

Tropische Farben in South Beach

Am Westende der Straße wartet neuerdings eine Bauikone aus Beton auf. Hausnummer 1111 ist ein luftiges Parkhaus, wo die Architekten Herzog & de Meuron das Material auf innovative Weise einsetzten. So wird aus einem Zweckbau ein Kunstwerk. Auch das ist in Miami möglich.

> **INFO**
>
> **Lage:** mitten in South Beach Miami; Lincoln Road Mall: South Beach Miami, FL 33139
>
> **Anfahrt:** aus Richtung Downtown Miami über den Venetian Causeway auf den Dade Boulevard, dort in Richtung Osten auf die 17th Street, dritte Straße rechts auf die Alton Road, 100 Meter bis zum Parkhaus 1111 Lincoln Road (max. 40 USD/24 Stunden)
>
> **Öffnungszeiten:** Die meisten Geschäfte sind Montag bis Samstag 10 bis 21, Sonntag 12 bis 18 Uhr geöffnet.
>
> **Aktivitäten:**
> - Art Deco Museum: Das Museum klärt auf, was es mit der Stilrichtung auf sich hat. Interessant sind auch die Touren, die Montag bis Freitag um 10:30 Uhr angeboten werden (30 USD, Tickets auch online); Freitag bis Montag 9 bis 17 Uhr; 1001 Ocean Drive, Miami Beach, FL 33139, Tel. +1 305 672 2014, *mdpl.org*
>
> **Restaurant:**
> - Havana 1957: kubanische Küche wie in den 1950er-Jahren; 819 Lincoln Road, Miami Beach, FL 33139 , Tel. +1 305 397 86 83, *havana1957.com*
>
> **Hinweis:** Die Baukosten für das Parkhaus 1111 Lincoln Road haben 65 Millionen Dollar betragen. Zum Vergleich: Die ebenfalls von Herzog & de Meuron gebaute Elbphilharmonie sollte anfänglich 77 Millionen Euro kosten, wurde aber mit 866 Millionen mehr als rund zehnmal so teuer.
>
> **Öffnungszeiten:** *lincolnroadmall.com*

2. New World Center: mit gut gefülltem Picknickkorb ins Konzert

Hochkultur wirkt auf viele Menschen abschreckend. Für dieses Problem hat die New World Symphony gleich mehrere elegante Lösungsansätze gefunden. Ein wichtiger Garant für die volksnahe Zukunft klassischer Musik in South Beach war die Tatsache, dass der langjährige Chefdirigent des Nachwuchsorchesters einen ziemlich kreativen Babysitter hatte.

Die New World Symphony ist eines der führenden Nachwuchsorchester des Planeten. Ins Leben gerufen wurde es 1987 vom Dirigenten und Komponisten Michael Tilson Thomas, der sich dabei über die finanzielle Hilfe des Kreuzfahrtunternehmers Ted Arison (Carnival Cruise Lines) freuen konnte. Wie so viele Superreiche in den USA verspürte auch dieser das Bedürfnis, „der Gesellschaft etwas zurückzugeben". Konkret spendierte er 62 Millionen Dollar.

Gehry = Dekonstruktivismus pur

Als es Mitte der 2000er-Jahre darum ging, eine neue Spielstätte zu errichten, entsann sich Tilson Thomas seines ehemaligen Babysitters, der zwischenzeitlich zu einem der weltweit gefragtesten Baumeister geworden war: Frank O. Gehry. Spätestens nach dem spektakulären Erfolgen des Guggenheim-Museums in Bilbao und der Walt Disney Concert Hall in Los Angeles waren die Dienste des Architekten eigentlich unbezahlbar geworden. Doch alte Seilschaften schweißen zusammen – und so erklärte sich Gehry bereit, mehr oder weniger zum Selbstkostenpreis zu arbeiten, wodurch sich die Kosten auf 160 Millionen Dollar beschränkten.

Die Stadt Miami Beach steuerte zu dem Projekt ein Filetgrundstück im Art-déco-Viertel bei, zu dem auch ein kleiner Park gehört. Dort konnte sich Gehry ausleben, wobei es weniger darum ging, einen Bau von skulpturaler Ausdruckskraft zu schaffen, sondern vielmehr eine Konzerthalle mit exquisiter Akustik. Seit 2011 füllt das 87 Köpfe zählende Orchester einen Saal mit Leben, der mit 756 Plätzen vergleichsweise intim ist. Um dem Klang der Instrumente ideale Entfaltungsmöglichkeiten zu bieten, haben Gehry und sein Team mit segelartigen Einsätzen gearbeitet. Die Flächen bieten zugleich eine in der Klassik sonst wenig verbreitete Anwendungsmöglichkeit, denn sie können als Projektionsfläche für visuelle Untermalungen eingesetzt werden.

Der wahre Coup aber liegt in einer anderen Innovation. So war es der ausdrückliche Wunsch von Gründer Tilson Thomas, ein möglichst großes Publikum für die Musik zu begeistern. An dieser Stelle kommt die besagte Grünfläche ins Spiel, die den vielsagenden Namen „Soundscape Park" trägt und Schauplatz eines einmaligen Spektakels ist. Wenigstens einmal im Monat werden Konzerte des

Details im New World Building

Picknick erlaubt: Park neben der Konzerthalle

New World Symphony Orchestra mithilfe eines hochqualitativen Lautsprechersystems nach draußen übertragen. Der fensterlose Teil der Fassade wird bei diesen „Wallcast Concerts" zu einer 650 Quadratmeter großen Leinwand umfunktioniert.

Die Freiluftzuschauer sind ausdrücklich aufgefordert, es sich gut gehen zu lassen – etwa indem sie einen mit Decken, Delikatessen und Weinflaschen gefüllten Picknickkorb mitbringen. Der Kulturgenuss ist kostenlos, benötigt keiner Voranmeldung und beinhaltet sogar die Benutzung der Sanitäranlagen. Im Winter ergänzt eine Filmreihe das Programm. Dabei gilt immer: Regen ist kein Grund zur Absage.

Kunst im öffentlichen Raum

Wer sich darüber hinaus für die elaborierte Architektur interessiert, kann zu vier wöchentlichen Terminen an Führungen teilnehmen. Eine Station ist eine Terrasse im sechsten Stock des Gebäudes, die einen formidablen Blick auf das Art-déco-Viertel freigibt.

> **INFO**
>
> **Lage:** mitten in Miami Beach; New World Symphony: 500 17th Street, Miami Beach, FL 33139, Tel. +1 305 673 3330
>
> **Parken:** für Events am besten in der Miami Beach Parking Garage: Eventflatrate 15 USD; 640 17th Street, Miami Beach, FL 33139, *miamibeachfl.gov*
>
> **Eintritt:** Die Preise für Konzerttickets variieren, liegen aber meist zwischen 40 und 135 USD.
>
> **Aktivitäten:**
> - Führungen durch das Gebäude werden vier Mal pro Woche angeboten, aktuelle Termine sind auf der Website, Tickets 5 USD.
> - Alle vier Wochen wird im Soundscape Park eine Yoga-Stunde angeboten, aktuelle Termine sind auf der Website.
>
> **Restaurant:**
> - My Ceviche: köstliche Bowls, Ceviche und Tacos auch zum Mitnehmen, daher bestens geeignet als Verpflegung während eines Freiluftkonzertes; 235 Washington Avenue, Miami, FL 33139, Tel. +1 305 397 8710, *myceviche.com*
>
> **Unterkünfte:** Die Preise für Hotels in South Beach variieren stark und sind im Sommer deutlich günstiger als im Winter.
> - Hostel Beds n' Drinks: eine preiswerte Option direkt gegenüber vom Soundscape Park, das auch (deutlich teurere) Privatzimmer anbietet; 1676 James Avenue, Miami Beach, FL 33139, Tel. +1 305 535 7415, *bedsndrinks.com*
> - James Hotel: direkt daneben, grell bunte Fassade; 1680 James Avenue, Miami Beach, FL 33139, Tel. +1 305 531 1125, *jameshotelmiamibeach.com*
>
> **Website:** *nws.edu*

3. Wynwood Walls: warum Miami dank der Subkultur plötzlich ernst genommen wird

Eigentlich lag Wynwood auf der falschen Seite der Biscayne Bay. Bis die Macher einer Schweizer Messe Miami eine neue Daseinsberechtigung verliehen haben und auch einheimische Unternehmer sich plötzlich trauten, ihre Ideen umzusetzen. Seitdem hat sich die einst dunkle Seite der Glitzermetropole zum Vorzeigeviertel gewandelt – und Floridas Metropole gilt endlich als vollwertige Stadt.

Skulptur im Design District

Die mehr als 800 Art-déco-Bauten in South Beach wurden durch die Bank mit großem Aufwand restauriert. In Downtown und im angrenzenden Stadtteil Brickell schießen fast wöchentlich neue Wolkenkratzer in den Himmel. Am Strand und in den umliegenden Bars stellen junge Menschen aus aller Welt ihre makellosen Körper zur Schau. Die Küchenchefs in den Restaurants überzeugen mit modernen Fusion-Kreationen. Und wenn es sein muss, wird in Miami auch mal ein komplettes Viertel aus dem Boden gestampft. So ist es jüngst im Design District geschehen, wo seitdem die großen Couturiers in glitzernden Boutiquen ihre hochpreisigen Kreationen anpreisen.

Kurzum: Miami ist nicht mehr nur eine oberflächliche Stadt am Ende des Kontinents, deren pastellfarbenes Gewand sich hervorragend als Kulisse für mittelmäßige Krimiserien eignet. Nein, Miami ist einer der aufregendsten Orte des Planeten. Um diesen Status zu erlangen, bedarf es natürlich auch Ecken und Kanten. Eigenschaf-

Street-Art ohne Ende

ten, die sich auch der kompetenteste Planer nicht ohne Weiteres kaufen kann – und die bis vor wenigen Jahren allenfalls die vielen Einwanderer aus Südamerika oder der Karibik mitzubringen wussten.

Laden von Peter Tunney

Um die Jahrtausendwende aber hatten ein paar Schweizer Kunsthändler genug davon, ihren Geschäften im unwirtlichen Winter der Heimat nachzugehen. Kurzerhand riefen sie einen Ableger der Kunstmesse Art Basel ins Leben, den sie fortan im sonnigen Miami ausrichten wollten. Weder Galeristen noch Künstler und Käufer mussten sich lange bitten lassen, im Dezember in der Sonne Südfloridas über die roten Teppiche zu promenieren. Damit das Ganze keine langweilige Veranstaltung für satte Millionäre wurde, haben drei prominente Mitglieder des örtlichen Kunstbetriebes eine „edgy" Umgebung gesucht.

Fündig wurden sie in Wynwood, das bis dahin auf der anderen Seite der Biscayne Bay ein Schattendasein führte. Verlassene Lagerhallen und abgerockte Wohnbauten prägten das Bild zu Anfang des Jahrtausends. Parallel zu den ersten Austragungen der Art Basel Miami aber erhielten Galerien rund um die Northwest 2nd Avenue Einzug, die sich in den loftartigen Bauten artgerecht entfalten konnten.

Die ersten Erfolge des Projektes lösten in Tony Goldman (1943 bis 2012) einen frischen Tatendrang aus. Schon seit den 1980er-Jahren hatte der Unternehmer an der Renaissance von Miami Beach mitgewirkt. Auch in Wynwood sah er Potenzial. Dazu aber musste es gelingen, die Leute vom Autofahren abzubringen und zu Fuß durch den Lagerhallendistrikt mit ihren vollgesprayten Außenwänden zu laufen. Also ordnete Goldman das Chaos: In den verschlungenen Hinterhöfen des Viertels schaffte er Freiflächen, zu deren Gestaltung er die besten Künstler des Genres ermunterte – kurz bevor sich in den 2000er-Jahren ein weltweiter Street-Art-Hype durchsetzen sollte.

Plötzlich war Miami Avantgarde. Wunderbar, befanden nicht nur die Galeristen. Rasant wurde Wynwood die Heimat von Boutiquen, Cafés, Restaurants, Brauereien und Clubs. Seitdem ist Miami nicht mehr nur ein unkontrolliert wachsendes urbanes Gebilde zwischen Ozean und Everglades, das sich einer glitzernden Fassade erfreut. Nein, die Stadt ist erwachsen geworden. Und sie wird in der ganzen Welt ernst genommen!

Wechselnder Anstrich: Wynwood Walls

INFO

Lage: Vier Kilometer nördlich von Downtown Miami, zehn Kilometer nordwestlich von South Beach

Anfahrt: über die A1A und den Venetian Causeway bis Downtown, rechts über die NE 2nd Avenue und links in die NE 20th Street abbiegen, dann nach rechts in die NW 2nd Avenue, diverse Parkhäuser und Parkplätze vor Ort. Wer ohne Mietwagen in Miami ist, kann über die App von Uber einen Wagen bestellen.

Öffnungszeiten: rund um die Uhr

Eintritt: frei

Aktivitäten: Die Murals in Wynwood sind nicht für die Ewigkeit angelegt und wechseln immer mal wieder. Geführte Touren entlang der Murals täglich 11 bis 18 Uhr, 20 USD, *thewynwoodwalls.com*

Galerien:
- The Peter Tunney Experience: zeitgenössische Pop-Art in loftigem Ambiente; 220 NW 26th Street, Wynwood Walls, Miami, FL 33127, *petertunneyart.com*
- Rubell Museum: eine der umfangreichsten und zugleich hochwertigsten Sammlungen von Gegenwartskunst des Kontinents; 1100 NW 23rd Street, Miami, FL 33127, Tel. +1 305 573 6090, *rubellmuseum.org*

Restaurant:
- Wynwood Kitchen & Bar: neuamerikanische Küche in kunstaffinem Ambiente; täglich ab 11:30 Uhr; 2550 NW 2nd Avenue, Miami, FL 33127, *wynwoodkitchenandbar.com*

Unterkünfte: Durch den Aufschwung des Viertels haben sich erste Hotels in der Nähe angesiedelt. Solide ist das Hampton Inn & Suites Midtown, *hilton.com*, glamouröser ist das Hyde Midtown, *sbe.com*

Hinweis: Die USA sind kein Fußgängerland. Vor allem im Dunkeln sollte man abseits der geschäftigen Straßen Wynwoods nicht unbedingt spazieren gehen.

4. Churchill's Pub: Punkrock in Südflorida

Miami ist nur Glanz und Glitzer? Falsch. Dieser Club an der Grenze zu Little Haiti beweist das Gegenteil. Die Kneipe mit Live-Bühne ist seit 1979 eine Punkrock-Institution. Mit ihrem bewusst schäbigen Ambiente, Underground-Publikum und einem souverän zusammengestellten Live-Programm gilt sie als Miamis Pendant zu New Yorks legendärem Club CBGB.

Miami kann auch ruppig sein.

In Südflorida tragen die Leute ausschließlich pastellfarbene Klamotten. Ihre Körper sind von regelmäßigen Besuchen des Fitnessstudios gestählt und ihre Haut vom täglichen Bad in der Sonne dunkel genug, um den Gesundheits-TÜV zu alarmieren. Das Leben besteht überwiegend aus Freizeit, in der man Cabrio fährt und Cocktail-Bars unter freiem Himmel besucht. So ungefähr war das Bild, das in den 1980er- und 1990er-Jahren vom Leben in Südflorida zu uns herüberwehte. Bei aller verführerischer Laszivität konnte man das allerdings auch so auslegen, dass die Stadt ein mehr oder weniger kulturloser Raum war, wo ziemlich häufig die Sonne scheint.

Obwohl solche Verallgemeinerungen immer zu kurz greifen, steckt nicht selten wenigstens ein Funken Wahrheit darin. Mit dem kultu-

Churchill's: kein Chichi

rellen Vakuum allerdings war es in Miami spätestens 1979 vorbei. Damals hat in Little Haiti „Churchill's Pub" seine Pforten geöffnet. Das Migrantenviertel ist zwar Luftlinie keine zehn Kilometer von South Beach entfernt, dennoch aber liegen Welten dazwischen. Und ganz sicher hätte sich damals ums Verrecken niemand hin gewagt, der sich einem Lebensstil aus Sonne, Strand und Meer verschrieben hatte.

Eine örtliche Tageszeitung erinnerte sich kürzlich wie folgt an den Club: „Das Bier ist billig. Der Krach ist grandios. Die Damentoilette ist ekelerregend. Und die Herrentoilette ist noch viel schlimmer." Dafür aber brachte der Gründer und langjährige Besitzer Dave Daniels fast alles nach Südflorida, wofür es in dem früher so oberflächlichen Biotop sonst keinen Platz gab.

Daniels hat das Etablissement 1979 gegründet, nachdem er zuvor in seiner Heimat Großbritannien als Promoter für Bands gearbeitet hatte, ehe er in Miami auf einem Kreuzfahrtschiff landete. Das war für ein ihn kein Dauerzustand, weshalb er sich auf die Suche nach

Wie in London: Churchill's Pub

einem Ladenlokal machte, wo er die britische Subkultur auf Florida übertragen konnte. Doch der Laden war nicht nur Punks vorbehalten, sondern auch Free Jazzern und Indie-Rockern.

Über die Jahrzehnte sollten hier allerlei unangepasste Größen auftreten, darunter der Grusel-Rocker Marilyn Manson, die Punk-Band Social Distortion oder der Übervater des Surf-Sounds, Dick Dale. Dank seiner einzigartigen Aura aber zog Churchill's Pub auch allerlei Stars aus dem Musikgeschäft an, die nicht auf der Bühne zu stehen beabsichtigten. Unvergessen für alle Anwesenden ist der Abend, als Iggy Pop an der Bar eine Cola trank, um sich anzuhören, wie sehr er dem Leben so ziemlich jeden Punkrockers einen Sinn gegeben habe. Nicht weniger memorabel sind die Stunden, als U2 hierhin kamen, weil sie wussten, dass auf den unvermeidlichen Fernsehern europäischer Fußball gezeigt wurde. Auch im

Wo Iggy seine Cola trinkt

Kino war die Kneipe zu bewundern: So wurde die Strip-Club-Szene aus „Something about Mary" (Verrückt nach Mary) bei Churchill's gedreht.

Gründer Dave Daniels hat sein Lebenswerk im Jahr 2014 verkauft. Die neuen Besitzer führen das Unikum seitdem in seinem Sinne fort. So konnte Churchill's Pub 2019 sein 40-jähriges Bestehen feiern. Dazu ließ sich der aktuelle Manager die beruhigenden Worte entfallen, dass der Laden „The Home of the Weird" bleibe. Ein Auffangbecken für alle andersartigen.

> **INFO**
>
> **Lage:** 12 Kilometer nordwestlich von South Beach Miami; 5501 NE 2nd Avenue, Miami, FL 33137
>
> **Anfahrt:** über die I-195 bis zur Ausfahrt 2B, auf dem Biscayne Boulevard bis zur NE 54th Street links bis zur NE 2nd Avenue, alternativ bietet sich auch die Anreise per Uber an.
>
> **Öffnungszeiten:** täglich 17 bis 3 Uhr, Freitag und Samstag bis 5 Uhr
>
> **Eintritt:** je nach Veranstaltung
>
> **Aktivitäten:** Wer sich für Little Haiti interessiert, sollte das gleichnamige Kulturzentrum besuchen, das sich rund einen Kilometer weiter nördlich befindet. Dazu gehört neben einer Galerie und einem Theater auch eine Markthalle; *littlehaiticulturalcenter.com*.
>
> **Einkaufen:** Direkt neben Churchill's Pub befindet sich seit 2005 der mutmaßlich beste Plattenladen des Großraums Miami: Zu Sweat Records Miami gehört neben einem umfassenden Vinyl-Angebot aus vielen Genres auch ein sympathisches Café und eine Bühne. Im Ladenlokal wurde Iggy Pop ebenfalls gesichtet. Außerdem gehörten Filmemacher Jim Jarmusch und Indie-Ikone Thurston Moore zu den Kunden; 5505 NE 2nd Avenue, Miami, FL 33137, Tel. +1 786 693 9309, *sweatrecordsmiami.com*
>
> **Website:** *churchillspub.com*

5. Cubaocho: wie ein junger Flüchtling die kubanische Moderne rettete

Auf den ersten Blick macht Little Havana nicht viel her: Schlichte Laden- und Häuserzeilen von unterschiedlicher Höhe, die ein verblassender Anstrich eint und die immer wieder von Baulücken durchzogen sind. Doch obwohl das Viertel nicht im klassischen Sinne schön ist, finden inzwischen sogar die Touring-Busse ihren Weg dorthin. Dennoch bleibt den meisten Besuchern eine Geschichte mit Hollywood-Potenzial verborgen.

Als nach der Machtübernahme Fidel Castros 1959 die Grenzen für einen kurzen Zeitraum geöffnet waren, haben kubanische Kommunismus-Skeptiker ihre Heimat im großen Stil verlassen. Viele von ihnen haben sich in einem schmucklosen Hinterhof Miamis an der SW 8th Street niedergelassen, wo sie zwar vor dem „Máximo Líder" sicher waren. Von der Lebensfreude ihrer Heimat allerdings mochten sie bis heute nicht Abschied nehmen.

Das Herz von Little Havana: Calle Ocho

Einige Jahrzehnte genießt ihr Lebensmittelpunkt als Little Havana weltweite Bekanntheit – und die Hauptstraße heißt wie selbstverständlich Calle Ocho. Hier werden in der Cuba Tobacco Cigar Co. edle Rauchwaren gedreht. Im Ball & Chain spielen schon am Mittag Salsa-Bands, während sich die Gäste an Mojitos laben. Und dann wäre da noch Domino Plaza, wo sich Menschen im Alter von wenigstens 55 Jahren – das ist Bedingung! – zum Brettspiel treffen.

Von dieser Art Müßiggang ist Roberto Ramos (geb. 1966) weit entfernt. Er ist weder Einwanderer der ersten Stunde, noch entstammt er einer solchen Familie. Viel mehr wohnte er bis 1992 in Kuba, wo er durch einen Zufall zu seiner Lebensaufgabe gefunden hatte. Als 16-Jähriger half er einem alten Mann bei einem Umzug. Dieser aber konnte ihn nicht bezahlen

Kunstsammler Roberto Ramos

und entschädigte ihn dafür mit einem Gemälde. Ramos hatte keine Wahl. Er nahm das von einem gewissen Carlos Sobrino signierte und als wertvoll gepriesene Bild an. Ohne zuvor in irgendeiner Weise mit Kunst in Berührung gekommen zu sein, versuchte der junge Mann bald darauf zu ermitteln, was es mit seinem Besitz auf sich hatte. Einen Sobrino allerdings suchte er vergeblich. Wenn es ihn gegeben hatte, war er wie ausgelöscht.

Erst in der Nationalbibliothek von Havana fand Ramos einen Hinweis. Ja, dieser Sobrino hatte gelebt. Er war Maler – und noch im Jahr von Castros Machtübernahme mit dem nationalen Kunstpreis ausgezeichnet worden. Kurz darauf haben die Kommunisten sein Werk und das vieler Zeitgenossen für anstößig befunden, um mit einer systematischen Vernichtung zu beginnen.

Street-Art mit Heimatbezug

Kulturzentrum und Heimatmuseum

Fortan hütete Ramos sein Gemälde wie einen Schatz. Gleichzeitig sammelte er immer mehr Informationen über die kubanische Moderne und ihre Protagonisten. Außerdem versuchte er, so viele Bilder aus dieser Epoche wie eben möglich in seinen Besitz zu bringen, um sie vor der Zerstörung zu bewahren. Für ihn stand fest, dass er sein Leben unter keinen Umständen in diesem Land würde verbringen wollen. Als seine Sammlung schließlich an die 300 Werke umfasste, traf er mit zwei Brüdern die Entscheidung, auf einem baufälligen Kahn die Flucht nach Florida zu wagen.

Eine erstaunliche Geschichte, die immer mehr nach einer Hollywood-Verfilmung zu rufen beginnt. Die Gebrüder Ramos nämlich gerieten in einen Sturm und hatten bereits mit ihrem Leben abgeschlossen, als sie von der US-Küstenwache geortet wurden. Bei anhaltend schwerer See erklärte Ramos, dass es mit einer einfachen Rettung nicht getan sei, nein, er habe einen Schatz aus mehr als 300 Gemälden an Bord, der ebenfalls an Land gebracht werden müsse.

Die überraschten Retter ließen sich erweichen per Funk um eine Ausnahme von der Regel zu bitten, ausschließlich Personen an Land zu bringen. Weil die Vorgesetzten diese erteilten, konnte eine ganze Epoche der kubanischen Malerei für die Nachwelt gerettet werden.

Mittlerweile sind die Bilder katalogisiert. Auch waren sie in Ausstellungen in den USA, Spanien und Frankreich zu sehen. Meistens aber hängen sie im Cubaocho, einer liebenswerten Mischung aus Bar, Kulturzentrum und Museum. Wer Glück hat, kann Ramos dort treffen. Wenn er seine Geschichte erzählt, steigen ihm noch immer die Tränen in die Augen.

INFO

Lage: Fünf Kilometer westlich von Downtown Miami, 13 Kilometer westlich von South Beach; Cubaocho Museum & Performing Arts Center: 1465 SW 8th Street, Miami, FL 33135, Tel. +1 305 285 5880

Anfahrt: mit dem Auto über die SW 7th Street oder per Uber

Öffnungszeiten: Dienstag bis Sonntag 11:30 bis mindestens 0 Uhr

Eintritt: kostenlos

Aktivitäten:
- Die Besichtigung der Läden und Galerien an der Calle Ocho ist ein Muss, ebenso die Domino Plaza (vor dem Fotografieren von Menschen um deren Erlaubnis fragen).
- Food Tour: Wer die kulinarische Seite von Little Havana kennen lernen möchte, kann eine empfehlenswerte Food Tour bei Miami Culinary Tours buchen; dreimal täglich 2,5 Stunden, Erwachsene 58 USD, Kinder 38 USD, Tel. +1 786 942 8856, *miamiculinarytours.com*

Restaurant:
- Ball & Chain: legendäres Lokal mit tropischer Atmosphäre, wo schon Count Basie gespielt hat; täglich ab 11 Uhr; 1515 SW 8th Street, Little Havana, Miami, FL 33135, *ballandchainmiami.com*

Unterkunft:
- Life House Little Havana: günstiges Boutique-Hotel mit Karibik-Flair; 528 SW 9th Avenue, 33130 Miami, *lifehousehotels.com*

Website: *cubaocho.com*

6. Lebenselixier ohne Zusatzstoffe: Cuba Tobacco Cigar Factory

Little Havana ist noch immer die Heimat vieler kubanischer Einwanderer der ersten Generation. Von ihrer Lebensart haben die Migranten einiges in die neue Heimat importiert. Die Zigarren als wichtigstes Lebenselixier stellen sie sogar vor Ort her. Bei den Rohstoffen allerdings müssen sie improvisieren.

Das Verhältnis zwischen den USA und Kuba ist anhaltend schwierig. Mal dürfen Amerikaner aus politischen Gründen nicht in den Karibikstaat reisen, dann wieder ist es ihnen wohl erlaubt. In umgekehrte Richtung standen Kubanern die Türen lange offen, weil man den kommunistischen Systemfeind auf diese Weise zu schwächen glaubte. Allein in den 15 Jahren nach der Revolution 1953 fanden rund 500 000 Kubaner Unterschlupf in Miami – die meisten von ihnen Geschäftsleute und qualifizierte Berufstätige.

Viele von ihnen ließen sich in einem unscheinbaren Viertel westlich der Innenstadt nieder, das rasch den Namen Little Havana erhielt. Während die meisten Familie und Besitz auf der Insel zurücklassen mussten, nahmen sie ihre kulturellen und kulinarischen Vorlieben mit. Davon profitiert das Viertel heute mehr denn je. Zwar machen weite Teile von Little Havana immer noch einen recht zersiedelten Eindruck, der von wenig charakteristischen Flachbauten bestimmt wird. Doch die Calle Ocho hat es zu einiger Berühmtheit gebracht.

Rauchen erlaubt!

Dahinter verbirgt sich die spanische Übersetzung für die Southwest 8th Street, die wiederum fast 70 Kilometer schnurgerade bis in die Everglades führt, weil sie Teil des ursprünglichen Tamiami Trail ist, der ersten Verbindungsstraße von Tampa nach Miami.

Das Geschehen konzentriert sich vor allem auf den bedauerlicherweise immer noch nicht verkehrsberuhigten Abschnitt zwischen der 12th und der 19th Street.

Dennoch geht es hier für Fußgänger Schlag auf Schlag: Bei La Colada wird ebenso starker wie süßer kubanischer Kaffee ausgeschenkt. El Pub serviert üppig mit Fleisch belegte Cuban Sandwiches. Der Galerist Agustin Gainza kredenzt in seiner Taverna Calle 8 ein Gläschen aus seiner gut sortierten Bar. Und in den Schaufenstern der Modeboutiquen hängen Hemden, die auch aus dem Kleiderschrank von Fernseh-Mafioso Tony Soprano stammen könnten.

Gastfreundschaft ist Trumpf

Der bemerkenswerteste Laden allerdings wird nicht selten bewacht – und zwar von einem älteren kubanischen Herrn. Der Mann wird ehrfurchtsvoll Don Pedro Bello genannt und er ist nicht nur Gründer und Eigentümer der Cuba Tobacco Cigar Company, sondern auch

Rauchende Ikone: Don Pedro Bello

sein bester Kunde. Nach eigenem Bekunden raucht er um die zehn Zigarren pro Tag, meist während er auf einem Stuhl vor seinem eigenen Laden ruht. Bello ist 1970 aus Kuba geflohen, als sein Vater schon lange von den Kommunisten im Gefängnis eingesperrt war. Bereits damals konnte die Familie auf 74 Jahre in der Herstellung der Rauchwaren zurückblicken.

Als sich Bello in Little Havana niedergelassen hatte, konnte noch niemand ahnen, dass das unprätentiöse Viertel sich irgendwann zu einer Touristenattraktion aufschwingen würde. Umso mehr freuen er und seine Mitarbeiter sich über den regen Besuch von Menschen aus aller Welt, die im Laden nicht nur unterschiedliche Zigarrenkompositionen erwerben, sondern auch bei deren Herstellung zusehen können.

Made in Miami

Gesundheitliche Bedenken übrigens hat hier kaum einer der Raucher, da es sich um reinen Tabak ohne künstliche Zusatzstoffe handelt. Bei der Verwendung der Rohstoffe allerdings muss die Zigarrendynastie improvisieren, denn kubanische Produkte dürfen wegen des Handelsembargos nicht in die USA importiert werden. Also bezieht Don Pedro seinen Tabak aus der Dominikanischen Republik, Mexiko, Honduras und Nicaragua. Dem Interesse der Kunden schadet das nicht.

Mojito im Ball & Chain

INFO

Lage: 14 Kilometer westlich von South Beach Miami; Cuba Tobacco Cigar Company: 1528 SW 8th Street, Little Havana, Miami, FL 33135, Tel. +1 305 649 2717

Anfahrt: über A1A und I-95 bis zur Kreuzung mit US-41, dort in Richtung Westen bis Little Havana

Öffnungszeiten: täglich 10 bis 17 Uhr

Restaurants:
- El Pub: ebenso einfaches wie ursprüngliches Restaurant, kein Internet; 1548 SW 8th Street, Tel. +1 786 204 1597
- La Colada: authentisches Café mit eigenen Röstungen, kein Internet; 1518 SW 8th Street, Little Havana, Miami, Tel. +1 305 873 4007

Website: *cubatobaccocigarco.com*

7. Key Biscayne Eco Adventure: wo Welten aufeinandertreffen

Vor 100 Jahren war Miami nicht viel mehr als ein Fischerdorf. Seitdem wurde die Natur zwischen Atlantik und Everglades konsequent zurückgedrängt. In den vielen County, State oder National Parks konnte sie ihr ursprüngliches Gesicht weitgehend bewahren. Auch auf Key Biscayne können sich Besucher auf das ein oder andere kleine Abenteuer freuen – mit einer erstaunlichen Pointe.

Vorzeigestrand auf Key Biscayne

Key Biscayne ist ein ziemlich glamouröser Wohnort. Der Name ist vor allem Tennisfans geläufig, weil dort von 1985 bis 2018 ein renommiertes ATP-Turnier ausgetragen wurde. Die Insel ist über eine Brücke an die Innenstadt von Miami angebunden, mit langen Sandstränden ausgestattet und ihre Fläche wird zu rund zwei Dritteln von geschützten Grünflächen eingenommen. Eine Expansion der Wohnviertel ist daher nicht möglich.

Dank dieser exklusiven Vorzüge sind die Immobilienpreise auf Key Biscayne die höchsten im ohnehin nicht ganz billigen Großraum Miami. Sängerin Cher und der Schauspieler Andy Garcia gehören zu den prominenten Einwohnern, doch glaubt man der Boulevardpresse, so befinden sich unter den rund 12.000 Einwohnern noch sehr viel mehr Berühmtheiten.

Der elitäre Charakter der Insel wird durch ein Eintrittsgeld verstärkt: Wer über den Rickenbacker Causeway mit dem Auto anreist, muss drei Dollar berappen, die offiziell als Mautgebühr deklariert sind. Die Investition lohnt sich natürlich für all jene, die einen distanzierten Blick auf das Leben der Reichen, Schönen und Erfolgreichen werfen möchten.

Mangroven mit Skyline von Miami

Viel schöner aber ist ein Erlebnis, das in dieser Form einmalig ist: Im Crandon Park befindet sich das Biscayne Nature Center, das sich auf informative Weise mit der örtlichen Flora und Fauna befasst. Es hat sich dem Erhalt dessen verschrieben, was von der einzigartigen Natur übrig ist, und es wird ohne Profitgedanken vom Miami-Dade County betrieben.

Über die Natur gibt es an diesem Flecken Erde einiges zu erzählen. So beginnt unmittelbar südlich von Key Biscayne der Biscayne National Park, der sich bis vor die Küstengewässer von Key Largo erstreckt. Anders als bei den Parks im amerikanischen Westen oder

Startpunkt für den nachhaltigen Ausflug

auch den Everglades, handelt es sich nicht um offensichtlich spektakuläre Landschaften, sondern um kostbare Unterwasserlebensräume. Glasklares Wasser, fischreiche Korallenriffe und eine fragile Inselkette sind die Attraktionen, die überwiegend von Tauchern und Schnorchlern aufgesucht werden.

Die auf Key Biscayne startende Kajaktour aber hat ein anderes Ziel. In Begleitung zweier Guides schieben die Teilnehmer ihre Boote ins Wasser, um auf dem Atlantik in Richtung Norden zu paddeln. Das geht in der Regel geschmeidig, weil die Wellen nicht allzu hoch sind. Und nicht erschrecken, falls die Guides auf die Silhouette eines Meeresbewohners deuten, um „Look, a shark!" zu rufen. Die Tiere sind in Südflorida allgegenwärtig.

Nach gut einer halben Stunde intensiven Paddelns in überschaubarer Entfernung zum Strand macht die Küstenlinie einen Schwenk landeinwärts. Die Kajaks nähern sich dem Ufer, wo auf mehreren Hundert Metern Mangroven erhalten sind. Fast die gesamte Küste Floridas wurde früher von den knorrigen Gewächsen vor Fluten

Kajaktour mit Blick auf Wolkenkratzer

geschützt. Ein schöner Anblick, der bald darauf eine neue Dimension gewinnt: Hinter den Mangroven nämlich baut sich die Skyline Miamis auf.

Der Anblick ist gewaltig – auch weil der Kontrast zwischen der Lebenswelt der Vergangenheit und dem Miami der Gegenwart nicht größer sein könnte. Davon ganz abgesehen, lernen die Teilnehmer der Tour unterwegs eine Menge. Nicht zuletzt, dass die im Hafen von Miami angebotenen Speedboat-Touren pures Gift für die Natur sind.

> **INFO**
>
> **Lage:** 20 Kilometer südlich von Miami Bach; Crandon Park Nature Center: 6747 Crandon Boulevard, Key Biscayne, FL 33149, Tel. +1 305 361 6767
>
> **Anfahrt:** über Downtown Miami zum Rickenbacker Causeway, der über Virginia Key nach Key Biscayne führt
>
> **Öffnungszeiten:** täglich 10 bis 16 Uhr, Touren zu wechselnden Zeiten je nach Nachfrage
>
> **Eintritt:** 30 USD pro Person. Besonderheit: Das ansonsten allgegenwärtige Trinkgeld für die Guides entfällt, weil diese für die Stadt arbeiten. Die Kanustrecke beträgt etwa fünf Kilometer, der Ausflug dauert rund 2,5 Stunden.
>
> **Aktivitäten:** Der Besuch lässt sich gut mit dem Bill Baggs Cape State Park verbinden, der sich am Südzipfel von Key Biscayne befindet. Hier steht mit dem Cape Florida Lighthouse ein über 200 Jahre alter Leuchtturm, dessen Besuch im Eintrittsgeld für den Park inbegriffen ist; Leuchtturmtouren um 10 und 13 Uhr, Dienstag und Mittwoch geschlossen, Eintritt 8 USD pro Fahrzeug
>
> **Websites:**
> - *nps.gov/bisc*
> - *floridastateparks.org*
> - *biscaynenaturecenter.org*
> - *crandonpark.wordpress.com*

8. Bonnet House in Fort Lauderdale: letzte Insel der Wildnis

Zwischen den Stränden auf der einen und den Everglades auf der anderen Seite ist Südflorida heute nahezu vollständig bebaut. Das sah noch vor 100 Jahren vollständig anders aus. Dieses wunderbare Anwesen erinnert daran, wie die wohlhabenden Siedler aus der Pionierzeit einen noch unerschlossenen Landstrich erlebt haben. Es ist das einzige seiner Art in der Megalopolis Miami-Fort Lauderdale.

Palmen flankieren die Gewässer im Garten des Bonnet House.

Wer sich ein Bild von Südflorida machen möchte, kann durch die Häuserschluchten und Villenviertel cruisen, Autobahnkreuze, Shopping Malls und gesichtslose Vorstädte erkunden oder Kanäle und Uferboulevards bewundern. Aussagekräftiger aber ist ein Blick auf die Satellitenaufnahmen, die Google bei Maps zur Verfügung stellt. Sie zeigen ein bizarr anmutendes Gebilde, das auf den ersten Blick nur schwer zu begreifen ist und das am ehesten an eine dieser Fotografien erinnert, mit denen der Düsseldorfer Künstler Andreas Gursky berühmt geworden ist. Besonders beeindruckend dabei ist die Vorstellung, dass die East Coast Railway erst 1896 bis zum heutigen Miami durchgezogen und Miami Beach im Jahr 1915 gegründet wurde. Sonst aber gab es hier vor allem eines: Natur, in der lediglich die indigenen Völker zu Hause waren. Welch wunderbare Welt die ersten Siedler aus dem kalten Norden hier vorgefunden haben, ist nur auf ein paar vergilbten Fotos und – mit einigen Abstrichen – in den weithin unterschätzten State Parks Floridas festgehalten. Doch in Fort Lauderdale hat eine stattliche Landparzelle in bester Lage dem Zivilisationsdruck bis heute standgehalten.

Hier ein Teepavillon, dort ein Baldachin

1895 war es der Siedler Hugh Taylor Birch, der das heute unbezahlbare Grundstück erwarb. 1919 ließ er es sich nicht nehmen, das noch unbebaute Areal seiner Tochter Helen als Geschenk für ihre Hochzeit mit dem Chicagoer Künstler Frederic Clay Bartlett zu vermachen. Das Glück des Paares allerdings währte nur kurz: Als Helen 1925 in jungen Jahren starb, erbte Frederic das Haus, wo er nach einer längeren Abwesenheit mit seiner zweiten Frau Evelyn Fortune Bartlett lebte, die das Anwesen nach ihrem Tod 1983 dem Florida Trust for Historic Preservation zur Verfügung stellte.

Seit 2004 ist das Haus als nationaler Kulturschatz gelistet. Vor Ort offenbaren sich die Gründe rasch: Das zweigeschossige Haupthaus ist geräumig und doch wohlproportioniert. Mit seiner umlaufenden Veranda und den üppigen Ornamenten erinnert es an eine Südstaatenvilla. Die Villa umschließt einen Innenhof, in dem ein kleiner Pavillon Schatten spendet.

Kunstvoll: Löwenskulptur im Bonnet House

Die Arkaden sind mit farbenfrohen Gemälden ausstaffiert und werden von originellen Tierskulpturen bewohnt. Viel klarer könnte eine eigenständige Architektursprache nicht formuliert sein. Der Entwurf stammt ebenso wie viele Kunstwerke von Bartlett, der an der Akademie der Bildenden Künste in München studiert hat. Die Innenräume (in denen das Fotografieren nicht erlaubt ist) sehen noch heute so aus, als wären sie bewohnt. Noch mit seiner ersten Frau hat sich Bartlett auch ein gutes Gespür als Sammler bewiesen: Die beiden kauften Werke von Gauguin und Picasso, die sie später dem Art Institute in Chicago vermachten.

Tropische Vegetation prägt die Gärten im Bonnet House.

Noch imposanter sind die durchdachten Gartenanlagen. Das beginnt damit, dass eine Schneise den Blick von der Veranda des Wohnzimmers auf den Atlantik freigibt. Davor breitet sich ein kleiner See aus, dessen Ufer von makellosen Palmen flankiert werden. Als solcher ist er Bestandteil eines tropischen Gartens, welcher der charakteristischen Vegetation und den Strukturen einer Barriere-Insel Südfloridas nachempfunden ist. Mit anderen Worten: So hat diese wunderbare Region noch vor etwas mehr als 100 Jahren überall ausgesehen. Eine Vorstellung, die unweigerlich nostalgische Gefühle weckt.

INFO

Lage: Sechs Kilometer nordöstlich von Downtown Fort Lauderdale, 55 Kilometer nördlich von South Beach Miami; The Bonnet House Museum & Gardens: 900 N Birch Road, Fort Lauderdale, FL 33304, Tel. +1 954 563 5393

Anfahrt: aus Richtung Miami über die Küstenstraße A1A oder die I-95

Öffnungszeiten: Dienstag bis Sonntag von 9 bis 16 Uhr, Führungen zur halben und vollen Stunde

Eintritt: Erwachsene 20 USD, Kinder 6 bis 12 Jahre 16 USD

Aktivitäten/Übernachten: Es drängt sich fast auf, den Besuch des Bonnet House mit einem Bad im Meer zu verbinden. Neben dem Stadtstrand von Fort Lauderdale bietet sich hierfür nicht nur wegen des Namens auch der Hugh Taylor Birch State Park an, der sich im Norden an das Anwesen anschließt. Im Park lockt ein hübscher Zeltplatz zum Übernachten; täglich von 8 Uhr bis Sonnenuntergang, 6 USD pro Fahrzeug, floridastateparks.org

Restaurant:
- Coconuts, bei Einheimischen beliebtes Fisch-Restaurant mit tropischer Anmutung und Blick aufs Wasser; 429 Seabreeze Boulevard, Fort Lauderdale, FL 33316, Tel. +1 954 525 2421, *coconutsfortlauderdale.com*

Hinweis: Das komplette Areal wird gerne für historische Filmaufnahmen gebucht.

Website: *bonnethouse.org*

9. Sawgrass Mills: Power-Shopping am Rande der Everglades

Das Einkaufen um des Einkaufens willens ist tief in der amerikanischen Kultur verankert. Manche behaupten auch: Es ist Kulturersatz. Der Unterhaltungsfaktor hängt dabei stark von den Rahmenbedingungen ab. In Sunrise genügen diese am Rande der Zivilisation scheinbar jedem Anspruch. So konnte die Mall zu einer Touristenattraktion werden.

So European: Shoppen unter freiem Himmel

Die Gesetzmäßigkeiten des Konsums sind einfach: Ist in den USA eine Shopping Mall in die Jahre gekommen oder haben sich dort nur Marken aus der zweiten und dritten Reihe der aktuellen Shopping-Hierarchie angesiedelt, wird ein Bummel durch die Kunstwelten schnell deprimierend. Oft sind solche Etablissements dem Untergang geweiht. Erst werden sie zu einer Art Geisterstadt, um kurz darauf geschlossen und verrammelt zu werden.

Weil es in weiten Teilen des Landes ausreichend Platz gibt, sind die Glitzerwelten von einst dem Verfall ausgeliefert. Als Mahnmal kapitalistischer Vergänglichkeit ruft dies höchstens noch den einen oder anderen Dokumentarfilmer auf den Plan, der auf morbide Projekte spezialisiert ist. Ansonsten nimmt niemand groß Notiz davon. Genügt die Mall hingegen allen Ansprüchen der Gegenwart, funktioniert sie wie eine Ersatzmetropole: Die Menschen reisen aus allen Himmelsrichtungen an, um hier ihre Zeit zu verbringen. Sie sind neugierig auf Food-Trends, sie wollen Leute gucken – und natürlich sind sie heiß darauf, Stunden später mit Taschen beladen auf dem Parkplatz nach ihrem Auto zu suchen.

Ein solches Einkaufszentrum ist Sawgrass Mills. Es befindet sich in nur wenigen Hundert Metern Entfernung zu den östlichsten Ausläufern der Everglades auf dem Territorium der Gemeinde Sunrise. Dort spielt sich ein täglich wiederkehrendes Schauspiel ab: sobald die 350 Läden ihre Pforten öffnen, rollen kleine und große Busse mit Touristen vor, die keinen Mietwagen haben. Gleichzeitig füllen sich die riesigen Parkplätze mit Autos jeder Klasse. Wer etwas auf sich hält, nutzt hierfür einen typisch amerikanischen Service: Valet Parking. Man lässt parken.

An Wochenenden, da kann das Strandwetter noch so gut sein, sind alle Parkplätze schnell belegt. Schließlich ist Sawgrass Mills eines der größten Outlet-Center des Kontinents. Unter den zu spät kommenden Kunden macht sich Nervosität breit: Was, wenn die Konkurrenz die Schnäppchen zuerst abgreift? Besonders an Feiertagen und den damit einhergehenden Wochenenden kann die Lage eskalieren, denn zusätzlichen zu den üblichen Sales überbieten sich die Geschäfte mit aberwitzigen Rabatten. Im Netz, in Zeitungen und in Restaurants werden Coupons verbreitet. Vor Ort erinnern Plakate daran, dass es nur heute 70 Prozent auf ohnehin bereits um die Hälfte reduzierte Ware gibt.

Dieser Hype ist nicht schlecht für ein Einkaufszentrum, das 1990 aufgemacht und somit seine Halbwertzeit eigentlich längst überschritten hat. Vielleicht liegt es daran, dass die Mall bei allem Trubel auch als ein herrlicher Spiegel der Gesellschaft Südfloridas fungiert. Im Labyrinth der Einkaufspassagen nämlich ist Englisch nicht mehr die vorherrschende Sprache. Nein, in den Geschäften wird vor und hinter den Ladentheken vor allem Spanisch gesprochen:

Rund 70 Prozent aller Einwohner des Großraums Miami sind „Hispanics". Das heißt, sie oder ihre Vorfahren stammen aus Lateinamerika oder der Karibik. Hinzu kommen die vielen Touristen aus Mexiko oder Kolumbien, die den glitzernden Konsumwelten Nordamerikas scheinbar machtlos ausgeliefert sind.

Sawgrass Mills ist ein Schmelztiegel

Dabei haben es die Power-Shopper vor allem auf Luxusmarken abgesehen, die einen gewissen Wohlstand suggerieren – und die hier am Rande der Everglades günstig zu haben sind. Ja, diese Vorliebe hat sogar dazu geführt, dass die Schnäppchen-Mall schrittweise um zusätzliche Trakte erweitert wurde. Diese hören auf Namen wie The Collonades oder Town Center. Anders als die ersten Geschäfte, haben sich die neuen in einer sanft geschwungenen Kurve unter freiem Himmel angesiedelt. So stellen sich die Amerikaner die „Alte Welt" vor, deren Noblesse sie hier imitieren. Ein sehenswertes Spektakel. Auch ohne jede Kaufabsicht.

INFO

Lage: 60 Kilometer nordwestlich von South Beach Miami, 30 Kilometer westlich von Fort Lauderdale Beach; Sawgrass Mills Mall: 12801 W Sunrise Boulevard, Sunrise, FL 33323

Anfahrt: über die I 595 bis zur Ausfahrt S Flamingo Road, von Miami Beach aus zunächst auf die I 95

Öffnungszeiten: Montag bis Samstag von 10 bis 21:30 Uhr, Sonntag von 11 bis 20 Uhr

Eintritt: kostenlos, Coupons mit Rabatten auf der Webseite unter der Rubrik „deals"

Aktivitäten: Die Mall bietet mehr als 350 Geschäfte und ein Multiplex-Kino. Wer es ernst meint mit dem Shopping, sollte einen ganzen Tag einplanen. Die Ringstraße um die Mall ist etwa vier Kilometer lang.

Restaurants: 17 Restaurants außerhalb der üblichen Food Courts, darunter innovative Sushi bei Sushi Gami und Burger im Stile eines Diners bei Johnny Rockets.

Unterkunft:
- Double Tree Sawgrass Mills: Auch auf das Übernachten in der Nähe der Mall haben sich die Amerikaner eingerichtet. Das Hotel befindet sich gegenüber der Mall – und eignet sich daher auch für einen Ausflug in die Everglades; doubletree3.hilton.com

Website: *simon.com/mall/sawgrass-mills*

10. Florida Panthers: Wildkatzen auf Kufen

Eishockey am Rande des größten Sumpfgebietes des gesamten Kontinents? Das mag kurios anmuten, ist in Wahrheit jedoch ein Stück amerikanisches Selbstverständnis: Was denkbar ist, das ist auch machbar. Und so mischen die Florida Panthers seit 1996 um den Stanley Cup mit. Ihre Bilanz jedoch kennt viele Tiefen und nur wenige Höhen.

Neuerdings erfolgreich: die Florida Panthers

Sunrise ist ein Vorort von Fort Lauderdale. Er besteht aus unauffällig adretten Wohngebieten, mehreren Golfplätzen, einem Park und dem bereits erwähnten Einkaufszentrum Sawgrass Mills. Und dann wäre da noch das BB&T Center, eine große Sporthalle, die wie so viele vergleichbare Etablissements in den USA ihre Namensrechte an eine Bank verkauft hat.

Mit einer Kapazität von fast 21.000 Zuschauern ist die Halle nur durch einen Parkplatz, einen Freeway und einen Kanal von den Everglades getrennt. In bestimmten Teilen des Sumpfgebiets ist bis heute der Florida-Panther zu Hause. Die Unterart des Pumas ist die einzige Wildkatze, die in der Osthälfte der USA vorkommt. Mit einem geschätzten Bestand von 230 Exemplaren ist sie akut vom Aussterben bedroht.

Die Bestände haben sich geringfügig erholt, seitdem der Florida-Panther 1982 offiziell zum Wappentier des Sunshine State erkoren wurde. Auch das Team der National Hockey Team ruft die Existenz des Raubtieres Tag für Tag in Erinnerung, wobei der Name natürlich auch an Eigenschaften appelliert, die auf den Sport übertragbar sind. Schnelligkeit und Eleganz bei der Fortbewegung und Zielgerichtetheit bei der Jagd nach dem Puck zum Beispiel.

Das hat anfangs unerwartet gut geklappt. Schon im ersten Jahr ihrer Existenz haben sich die Florida Panthers für die Playoffs qualifiziert, wo sie drei Gegner besiegt haben, um sich völlig überraschend in der Finalserie wiederzufinden. Eine Erfolgsgeschichte, wie sie die Amerikaner lieben. Der ganz große Coup allerdings sollte den Neulingen nicht gelingen: Die Panthers mussten einen sogenannten Sweep hinnehmen, sie verloren in vier Spielen gegen die Colorado Avalanche. Das letzte Spiel der Finalserie ging dabei bis in die dritte Verlängerung, als dem deutschen Verteidiger Uwe Krupp das einzige Tor der Begegnung gelang.

Die Spiele sind beliebt bei Snowbirds aus dem Norden.

Nach dem raketenhaften Start sind die Panthers ganz schnell wieder im Mittelmaß versunken. Weil sie sich in der jüngeren Vergangenheit nur selten für die Playoffs qualifizieren konnten – und wenn, dann in der ersten Runde ausgeschieden sind – unterstellen ihnen Fans und Experten sogar chronische Erfolglosigkeit.

Eishockey am Rande der Tropen

Das sollte auch auf den Publikumszuspruch nicht ohne Auswirkungen bleiben: Die Heimspiele wurden oft vor halbleeren Rängen ausgetragen. Gute Stimmung kam vor allem dann auf, wenn Teams aus dem hohen Norden wie die Buffalo Sabres, die Toronto Maple Leafs oder die Montréal Canadiens zu Gast waren, deren Fans gerade als „Snowbirds" unterwegs waren, die also den langen Winter ihrer Heimat durch einen Aufenthalt in Florida zu verkürzen suchten.

Angesichts der leeren Ränge begann sich halb Nordamerika die Frage zu stellen, wann das Team seine sonnige Heimat verlassen würde. Doch Aufgeben kam für die Panthers nicht in Frage. Stattdessen haben sie 2019 in Person von Joel Quenneville einen neuen Trainer engagiert, der mit den Chicago Blackhawks zwischen 2008 und 2015 drei Mal den Cup geholt hat. Seitdem besteht wieder Hoffnung für die Wildkatzen auf Kufen. Die Playoffs haben sie zwei Jahre hintereinander erreicht.

Ein Umzug nach Québec City oder in einen Vorort von Toronto, der vor allem in den kanadischen Medien immer mal wieder diskutiert wurde, wäre dem Team übrigens ziemlich übelgenommen worden. Weniger vielleicht von den Fans in Fort Lauderdale, Miami und Umgebung, als von Anhängern der Gegner, die ihren Helden auch im tiefsten Winter mal in Shorts und T-Shirt zujubeln können.

Darüber hinaus ist es kein Geheimnis, dass auch die Teams und ihre Begleiter die regelmäßigen Besuche im Sunshine State zu schätzen wissen. Meistens nämlich kombiniert der Spielplan die Auswärtspartie in Sunrise mit einem Duell bei den Tampa Bay Lightning – was in aller Regel wenigstens einen freien Tag am Strand oder am Pool zur Folge hat.

> **INFO**
>
> **Florida Panthers:**
> - BB&C Center: 1 Panther Parkway, Sunrise, FL 33323, Tel. +1 954 835 7000
> - Für Fans aus Deutschland sind die Florida Panthers eine gute Anlaufstelle. Anders als die besser geführten und daher erfolgreicheren Tampa Bay Lightning, sind für die Heimspiele in Sunrise meist problemlos Tickets zu haben.
> - Die Florida Panthers bieten ihre Eintrittskarten über Ticketmaster zum Kauf an. Dabei kommt ein variables Preissystem zum Einsatz, das auf die Nachfrage für die jeweilige Partie reagiert. Wer direkt neben der Eisfläche sitzen möchte, kann bis zu 260 USD pro Spiel investieren.
> - Gleichzeitig aber gibt es in Sunrise auch unschlagbar günstige Tickets für die beste Eishockeyliga der Welt: Plätze im Oberrang sind regulär ab 25 USD zu haben, im sogenannten Verified Resale bieten Dauerkarteninhaber ihre Tickets jedoch noch günstiger an.
>
> **Websites:**
> - *nhl.com/panthers*
> - *thebbtcenter.com*
> - *ticketmaster.com*

11. Worth Avenue in Palm Beach: Geburtsort mit Grabstein

Der Everglades Club sollte 1918 ein Krankenhaus werden. Architekt war mit Addison Mizner jener Mann, der heute als maßgeblicher Entwickler des Mediterranean Revival Style gilt. Mit seinen Entwürfen brachte es der extravagante Zeitgenosse zum Liebling der High Society. Der in Palm Beach entwickelte Stil ist bis heute weit verbreitet.

Eine Nobelmeile wie im Bilderbuch

Arkadenpracht

Worth Avenue ist ein von Palmen gesäumter Boulevard, wo die Besitzer kostspieliger Sportwagen in noblen Boutiquen feine Stöffchen einkaufen. In Palm Beach würde wohl niemand widersprechen, wenn man ihn als Prachtstraße bezeichnen würde. Stilistisch schwankt die Bebauung zwischen Flachbauten mit einem Touch

Art-déco und einer Bauweise, die Europäern bekannt vorkommt – und dann auch wieder nicht.

Die betreffenden Gebäude fallen durch wuchtige Fassaden auf, in denen sich an der Oberkante gerundete Fenster befinden. Hinter den meist zwei oder drei Geschossen, die auf einem rechteckigen Grundriss ruhen, ragen nicht selten turmartige Trakte hervor. Die Dächer sind wiederum von rötlichen Ziegeln geprägt. Kurzum: Die Bauwerke wirken aus heutiger Sicht ein wenig so, als hätte sich ein amerikanischer Architekt erst von der Toskana und anschließend von Andalusien zur Verwirklichung seines Traumhauses inspirieren lassen, es aber bei der Ausführung nicht für nötig gehalten, noch mal einen Blick auf die Skizzen oder einschlägige Fotografien zu werfen.

Auf einen Cocktail im The Breakers

In Wahrheit aber hat Addison Mizner ab den 1920er-Jahren nichts anderes gemacht, als ein Bedürfnis der High Society des immer noch sehr jungen Florida zu erfüllen. Die Reichen der Region verlangten nach einer gewissen Grandezza, mit der sie ihrem Wohlstand ein passendes Gesicht verleihen konnten. Manche haderten zudem vielleicht immer noch mit der Einschätzung, dass die USA im Vergleich zu Europa immer noch ein eher unkultivierter Lebensraum waren.
Wie so viele seiner Zeitgenossen, war auch Mizner 1918 vornehmlich aus gesundheitlichen Gründen in den Süden gereist. Obwohl er keine universitäre Ausbildung genossen hatte, war er seinerzeit bereits ein

weithin bekannter Baumeister, der in gehobenen Kreisen der Ostküste verkehrte. Einer seiner besten Freunde war in Person von Paris Singer der steinreiche Erbe des gleichnamigen Nähmaschinenimperiums.

Der Name Palm Beach kommt nicht von ungefähr.

Das Jahr 1918 war auch in den USA stark vom Ersten Weltkrieg geprägt. Neubauten durften nur dann errichtet werden, wenn sie in irgendeiner Weise dem Krieg dienten. Paris Singer hatte daher gleich mehrere Krankenhäuser bauen lassen. Als er beschloss, auch in Palm Beach eines zu realisieren, ging der Auftrag an seinen Freund. Als der Krieg unvermittelt endete, beschloss der Bauherr die Umwandlung in einen Privatclub.

Mizner unterdessen fühlte sich im Süden so wohl, dass er sich dauerhaft hier niederließ. Als ebenso stämmiger wie großer Bonvivant wurde er nicht nur zu einem Pionier relativ offen gelebter Homosexualität, sondern stieg dank seines architektonischen Stils zum bekanntesten amerikanischen Architekten der Roaring Twenties auf.

Letzte Ruhestätte für die Äffchen

Bis heute gilt Mizners „Mediterranean Revival Style" als eine der wichtigsten Strömungen, welche die USA hervorgebracht haben – und in Florida gibt es kaum eine Straße, die ohne ihn auskommt.

In Palm Beach war Mizner zudem bekannt für seine Extravaganzen. So verließ er sein Haus in der Worth Avenue nie ohne seinen Kumpel Johnny Brown. Der Klammeraffe saß stets auf der Schulter seines Gönners. Nach seinem Ableben beantragte Mizner, seinen Wegbegleiter bei seinem Domizil beerdigen zu dürfen. Bis heute erinnert im Innenhof der Pizzeria Al Fresco ein Grabstein an den treuen Gefährten.

> **INFO**
>
> **Lage:** 120 Kilometer nördlich von South Beach Miami im Stadtzentrum von Palm Beach; Everglades Club: Worth Avenue
>
> **Anfahrt:** vom Festland über die Flagler Memorial Bridge auf die Barriere-Insel, an der South Country Road nach rechts abbiegen bis Worth Avenue
>
> **Öffnungszeiten:** Montag bis Samstag von 10 bis 21:30 Uhr, Sonntag von 11 bis 20 Uhr
>
> **Unterkunft:**
> - Grandview Gardens: Co-Eigentümer Rick Rose ist zugleich Chefhistoriker des örtlichen Heimatvereins, er erzählt gerne Geschichten über Palm Beach und seine Bewohner und spricht ebenso wie sein Partner Jan Weimar fließend Deutsch; 1608 Lake Avenue, West Palm Beach, FL 33401, Tel. +1 561 833 9023, *grandview-gardens.com*
>
> **Einkaufen:**
> - Maus & Hoffmann: Wer auf ein ähnliches Erscheinungsbild wie einst Addison Mizner hinarbeitet, ist in dieser Herrenboutique richtig aufgehoben; 312 Worth Avenue, Palm Beach, FL 33480, Tel. +1 561 655 1141, *mausandhoffman.com*
>
> **Hinweise:** Der Everglades Club ist bis heute Männern vorbehalten. Er besitzt keine Webseite. Der Beitrag für die Mitgliedschaft beläuft sich dem Vernehmen nach auf 300.000 USD pro Jahr. Handys sind in dem Etablissement nicht erlaubt.
>
> **Website:** *worth-avenue.com*

12. Green's Pharmacy: wo Celebrities zum Fussvolk werden

In Palm Beach gelten die Regeln der amerikanischen High Society. Wer sich mit diesen nicht so gut auskennt, kann vor Ort so manche Überraschung erleben. Das 1938 eröffnete Traditionsgeschäft Green's Pharmacy aber ist davon ausgenommen. Hier sind alle Menschen gleich, was auch die Reichen und Schönen zu schätzen wissen.

Gentlemen-Club

In Palm Beach fühlen sich die amerikanischen Milliardärs-Clans und Industriellen-Dynastien so richtig wohl. Früher waren es die Vanderbilts und Kennedys, die auf der schmalen Barriere-Insel in prahlerischen Anwesen residierten. Heute gehören Bill Gates, Jon Bon Jovi, Rod Stewart und Krimiautor James Patterson zu den illustren Bewohnern. Der Vollständigkeit halber sei auch der 45. Präsident der Vereinigten Staaten erwähnt, der gleichzeitig als Eigentümer eines Anwesens mit dem exotisch angehauchten Namen Mar-a-Lago firmiert.

Die Geschichte des riesigen Resorts ist interessanter, als es zunächst den Anschein macht. Weil es 1927 in einem Baustil fertiggestellt wurde, der in Florida und in den gesamten USA Schule machen sollte. Aber auch, weil es von der Industriellen und Kunstsammlerin Marjorie Merriweather Post in Auftrag gegeben wurde, die wiederum in ihrem Testament verfügte, dass es nach ihrem Tod amerikanischen Präsidenten zur Verfügung gestellt werden möge.

Allerdings konnte Donald Trump hier erst nach einigen Wirrungen der Geschichte seine Zelte aufschlagen. Richard Nixon und Jimmy Carter nämlich zogen es vor, ihre spärliche Freizeit andernorts zu verbringen. Und weil der Unterhalt von Mar-a-Lago so lediglich eine Belastung für den Steuerzahler war, entschied sich Washington für eine Rückgabe an eine Stiftung, die eine Preiskarte von 20 Millionen Dollar an das Prestigeobjekt hängte.

Palmenallee in Palm Beach

Das war dem Immobilienhändler Trump im Alter von 39 Jahren zu viel. Also übte er sich dem Vernehmen nach in einer Taktik, die ihm später in ähnlicher Form nicht fremd sein würde: Als sein Angebot (angeblich 15 Millionen Dollar) abgelehnt wurde, erwarb er (für angeblich zwei Millionen Dollar) ein angrenzendes Grundstück mit der Ankündigung, den künftigen Bewohnern von „Mar" den Blick auf den Ozean zu verbauen. So wurde das märchenhafte Domizil zum Ladenhüter – und Trump konnte es wenig später (für angeblich fünf Millionen Dollar) kaufen.

Geschichten diese Art bleiben in Palm Beach vorzugsweise unter dem Mantel des Schweigens. Allein schon, weil sich das öffentliche Leben fast ausschließlich hinter eingezäunten Privatstränden oder verschlossenen Türen abspielt und die Gebäude wiederum von einer hohen Mauer umgeben sind. Doch es gibt Ausnahmen.

Lunch in der Apotheke

Eine solche ist Green's Pharmacy. Schon seit 1938 bereichert diese Institution das öffentliche Leben – auch weil es sich nicht nur um eine Apotheke handelt, sondern um einen typisch amerikanischen Gemischtwarenladen. Die Leute kommen hierhin, um ihre Medikamente abzuholen, aber auch zum Einkaufen. Vor allem aber mögen sie die Luncheonette. Die unprätentiöse Essecke erinnert an ein Diner klassischer Art und rühmt sich seiner Burger und Milkshakes, die bei Bedarf bereits zum Frühstück in der offenen Küche produziert werden.

Wie im Diner: das Interieur von Green's Pharmacy

Diese Kombination geht immer in den USA, und das keineswegs nur bei sogenannten einfachen Leuten. Nicht selten lassen sich auch die berühmten Einwohner von Palm Beach bei Green's blicken. Hier werden sie nicht angegafft, bedrängt oder hofiert. Nein, sie möchten behandelt werden wie ganz normale Leute. Wie Insider bestätigen, funktioniert das ziemlich gut. Auch weil die Gäste von außerhalb sich an die ungeschriebenen Regeln halten.

> **INFO**
>
> **Lage:** 120 Kilometer nördlich von South Beach Miami im Stadtzentrum von Palm Beach, Green's Pharmacy of Palm Beach: 151 N County Road, Palm Beach, FL 33480
>
> **Anfahrt:** vom Festland über die Flagler Memorial Bridge auf die Barriere-Insel, an der N Country Road nach links abbiegen, Parkplätze im Hof hinter dem Gebäude
>
> **Öffnungszeiten:** Luncheonette/Shop: Montag bis Freitag 7 bis 18 Uhr/6 bis 18 Uhr, Samstag 7 bis 15 Uhr/6 bis 16 Uhr, Sonntag 7 bis 14 Uhr/6 bis 15 Uhr
>
> **Eintritt:** kostenlos, ein Mittagessen kostet um die 10 USD
>
> **Aktivitäten:** Palm Beach eignet sich vorzüglich für eine Fahrradtour, da ein 16 Kilometer langer Radweg über die Insel führt. Verleih zu sportlichen Preisen (39 USD/halber Tag) im Palm Beach Bicycle Trail Shop, *palmbeachbicycle.com*
>
> **Restaurant:**
> - PB Catch: exzellentes Seafood in distinguierter Umgebung; täglich ab 16:30 Uhr; 251 Sunrise Avenue, Palm Beach, FL 33480, Tel. +1 561 655 5558, *pbcatch.com*
>
> **Unterkunft:**
> - The Breakers: legendäre Fünfsternehaus aus der Pionierzeit des Tourismus mit sehr stilvoller Bar; 1 S County Road, Palm Beach, FL 33480, Tel. +1 833 670 9336, *thebreakers.com*
>
> **Website:** *greenspb.com*

ORLANDO UND DER NORDOSTEN

Die älteste Stadt der USA: St. Augustine

Orlando und der Nordosten

13. Winter Park: Rückzugsort in der Kapitale der Kunstwelten
14. Lake Osceola in Orlando: verwunschener Dschungel in der Stadtwüste
15. Leu Gardens: vom Industriekapitän zum König der Kamelien
16. Kennedy Space Center: schwereloser Lunch mit einem Astronauten
17. Ron Jon Surf Shop: Wahlheimat der Wellenreiter
18. St. Augustine: Sehnsucht nach Geschichte und Tradition
19. Villa Zorayda: Geburtsort der Fantasiearchitektur
20. St. Augustine Distillery: Überbleibsel aus Floridas Eiszeit
21. Kingsley Plantation: unorthodoxe Geschichte der Sklaverei in Florida
22. Palace Saloon: ruppig aus Tradition
23. White Springs: zugeknöpfte Badegäste der ersten Stunde

ORLANDO UND DER NORDOSTEN

Orlando und der Nordosten

13. Winter Park: Rückzugsort in der Kapitale der Kunstwelten

Orlando ist eine der meistbesuchten Destinationen der Welt. Auf einer enormen Fläche breiten sich Attraktionen unterschiedlichen Kalibers aus, die blendende Unterhaltung versprechen und die es ziemlich plump auf den Geldbeutel der Besucher abgesehen haben. Nur ein Stadtviertel fällt aus der Art: Es ist „walkable" und überrascht mit Boutiquen, eigentümergeführten Restaurants und Boutiquen.

Cinderellas Schloss in Disney World

Ist Orlando wirklich „The City Beautiful"? Oder vielleicht doch eher die Themenpark-Hauptstadt der Welt? Beide Begriffe verwendet Orlando zur Selbstbeschreibung – so unvereinbar sie auch sein mögen. Die nackten Zahlen bestätigen zumindest ein gewaltiges Interesse: 75 Millionen Menschen kommen Jahr für Jahr nach Zentralflorida – fast doppelt so viele wie nach Las Vegas. Nicht schlecht für einen Ort, der bis Mitte des vergangenen Jahrhunderts überwiegend von Zitrusplantagen und Sumpfgebieten geprägt war.

Mehr als zwei Drittel aller Besucher können nach ihrer Reise ein Häkchen hinter jene Attraktion machen, die einmal im Leben gesehen zu haben eine Art amerikanische Bürgerpflicht ist: Disney World. Eine vierköpfige Familie nimmt gut 1500 Dollar in die Hand, um Eintrittsgelder sowie Kost und Logis für zwei Tage und Nächte zu bezahlen. Dafür erhalten sie Zutritt zu einem Paralleluniversum, das je nach persönlicher Präferenz unterhaltsam ist, in dem aber keinerlei Überraschungen im Sinne von unerwarteten Erlebnissen vorgesehen sind. Dafür ziehen der enorme Andrang und die mustergültige Kommerzialisierung bei den einzelnen Attraktionen mitunter ziemlich lange Wartezeiten nach sich. Mit anderen Worten: Wer nicht gerade der kindlichen Kernzielgruppe angehört oder ein bedingungsloser Fan von Micky Maus und Konsorten ist, für den hält sich der Spaß in den überteuerten Kunstwelten in Grenzen.

Allein mit Disney World aber hat Orlando seine touristischen Karten noch lange nicht ausgespielt. Die Universal Studios etwa ziehen elf Millionen Besucher pro Jahr an, wobei sich neuerdings die gut gemachten Fantasiewelten von Joanne K. Rowlings als größter Publikumsmagnet erweisen. Diese sind geschickt so über beide Parks verteilt, dass echte Anhänger von Harry Potter nicht daran vorbeikommen, Tickets für beide zu lösen.

Auch für seine mit Hochgeschwindigkeitsrutschen ausgestatteten Wasserparks ist Orlando bekannt. Zudem buhlen Parks wie Gatorland oder Seaworld weiterhin um Besucher, obwohl immer weniger Menschen in Gefangenschaft lebende Tiere als Attraktion wahrnehmen. Das Riesenrad „The Wheel at Icon Park" lädt neuerdings bis in die vorgerückten Abendstunden dazu ein, einen Blick von oben auf Orlando zu werfen. Und riesige Konsumtempel wie die Florida Mall mit mehr als 250 oder die Orlando Premium Outlets mit weit über 180 Geschäften sind weitere Garanten für einen erhöhten Herzschlag.

Wie gut tut es bei all dem Freizeitstress, dass Orlando mit Winter Park tatsächlich ein hübsches Viertel besitzt. Es breitet sich in sicherer Entfernung zu den Kunstwelten inmitten einer Seenplatte im Nordosten des Stadtgebiets aus – und es ist „walkable". An der Park Avenue reihen sich trendige Boutiquen und eigentümerge-

Irdische Alternative: Winter Park

führte Restaurants aneinander. Mitten im Ort halten die Züge von Amtrak, und das renommierte Rollins College besitzt mit seinen ehrwürdigen Bauten eine ähnliche Aura wie die Eliteuniversitäten der Ostküsten. Jede Form von Freizeitstress gerät da schnell in Vergessenheit. Hier ist Orlando wirklich „The City Beautiful". Und das mehr als nur ein bisschen.

INFO

Lage: Neun Kilometer nordöstlich von Downtown Orlando, 35 Kilometer nordöstlich von Disney World

Anfahrt: von Downtown über die E Robinson Street nach Osten zur N Mills Avenue, halbrechts auf N Orange Avenue bis zur E Fairbanks Avenue, dort rechts in die S Park Avenue. Die Benutzung der öffentlichen Parkhäuser ist in den ersten vier Stunden kostenlos.

Restaurant:
- The Ravenous Pig: gutes Farm-to-Table-Konzept mit Zutaten aus nachhaltiger Produktion; 565 W Fairbanks Avenue, Winter Park, FL 32789, Tel. +1 407 628 2333, *theravenouspig.com*

Unterkunft:
- The Alfond Inn at Rollins College: prächtiges Boutique-Hotel für die wohlhabenden Eltern der College Kids, weiter könnte Disney World auch thematisch nicht entfernt sein; 300 E New England Avenue, Winter Park, FL 32789, Tel. +1 407 998 8090, *thealfondinn.com*

Unterkunft:
- Farmer's Market: jeden Samstag von 7 bis 13 Uhr auf dem Gelände des alten Bahndepots; 200 E New England Avenue, *cityofwinterpark.org*

Hinweise: Orlando hat 240.000 Einwohner, der Großraum zählt rund 2,5 Millionen Menschen. Besucher können aus 120.000 Hotelbetten auswählen. Alle Infos zu den Themenparks auf visitorlando.com

Website: *winterpark.org*

14. Lake Osceola in Orlando: verwunschener Dschungel in der Stadtwüste

Floridas Wildnis entdecken? Mitten in der Stadt? Das ist eigentlich kein Problem. Als Besucher muss man sich nur dazu entschließen, die kostspieligen Attraktionen Orlandos links liegen zu lassen und stattdessen an Bord eines einfachen Rundfahrtboots zu gehen. Plötzlich sind die subtropische Flora und Fauna zum Greifen nah.

Spanisches Moos in den Bäumen

Orlando ist für Superlative, Spektakel und schwindelerregende Preise bekannt. Nur nicht für das Naheliegende: die Natur. Dabei wird das Stadtbild nicht nur von einer dreistelligen Anzahl Parks, sondern auch von mehr als 100 Seen aufgelockert. Manche sind durch Flüsse oder Kanäle miteinander verbunden. Und einer von ihnen ist der Ausgangspunkt zu einem wunderbar unaufgeregten Ausflug.

Flüsterbootanleger

Wenn das Personal zum Boarding ruft, geht es nicht auf ein grelles Hochgeschwindigkeitsboot mit einer einstudierten Choreografie, wie das in Miami zum touristischen Alltag gehört. Der Trip ist kein Massenbetrieb und die Passagiere müssen keinen Waiver unterzeichnen, die in den USA allgegenwärtige Verzichtserklärung für etwaige Unfälle. Vielmehr handelt es sich um eine Mini-Expedition, die ebenso ohne Sperenzchen auskommt wie der Name des Anbieters: Scenic Boat Tours. Fast jedenfalls, denn die Betreiber lassen es sich nehmen, vom „Venice of America" zu schwärmen. Oder ist das etwa augenzwinkernd gemeint?

Los geht es am Kopfende des East Morse Boulevard, wo das für 18 Passagiere ausgelegte Pontonboot an einem Anleger festmacht. Schon nach wenigen Metern ändert sich der Blick auf die Umwelt, denn im Wasser des Lake Osceola stehen knorrige Sumpfzypressen und an den Ufern mächtige Virginia-Eichen. Während sich erstgenannte als bevorzugte Sitzgelegenheiten von Kormoranen entpuppen, sind beide üppig mit Spanischem Moos behangen. Das auch als Louisianamoos bekannte Gewächs stammt aus der Familie der Bromelien und verbreitet automatisch die Atmosphäre eines Gruselfilms. Aufgrund seiner weichen Beschaffenheit wurde es früher als Füllmaterial für Autositze oder Matratzen verwendet, was rückblickend nicht so eine gute Idee war, denn oft hatten sich Wanzen in den Pflanzen eingenistet.

Sympfzypressen und Kormorane

Beim Parcours durch die örtliche Natur kommt bald ein Alligator in Sicht, der auf einem Miniaturstrand ruht. Die ansonsten recht ängstlichen Amerikaner unterhalten ein überraschend freundschaftliches Verhältnis zu den Reptilien. Einige lassen sich von ihrer Anwesenheit nicht einmal vom Schwimmen abhalten. Das mag an den vergleichsweise seltenen Zwischenfällen liegen oder auch an der weiten Verbreitung der archaischen Wesen, die zwischen North Carolina und Texas in jedem Binnengewässer zu Hause sein können. So oder so sind in der freien Natur Vorsicht und eine gewisse Mindestdistanz angesagt.

Auch Kraniche und Reiher lassen sich unterwegs blicken. Doch das Interesse des Publikums verschiebt sich durch die Moderation des Kapitäns langsam in eine andere Richtung. Nun gilt die Aufmerksamkeit den mitunter recht exzentrischen Villen an den Ufern des Sees. Konkret geht es darum, welcher NBA-Star oder welche Schauspielerin wie viele Millionen für dieses oder jene Anwesen hingelegt hat.

Das für sich gesehen wird so schnell nicht langweilig. Auch die Strecke bietet Abwechslung. So geht es durch einen Kanal hinüber

Verbindungskanal zwischen zwei Seen

zum angrenzenden Lake Virginia. Hier eröffnet sich ein unverstellter Blick auf das vornehme Rollins College, dessen Gebäude sich zum Verständnis des Mediterranean Revival Style eignen. Kurzum: Es gibt an Bord mehr zu sehen als in den meisten Themenparks.

> **INFO**
>
> **Lage:** Neun Kilometer nordöstlich von Downtown Orlando, 35 Kilometer nordöstlich von Disney World
>
> **Anfahrt:** von Downtown über die E Robinson Street nach Osten zur N Mills Avenue, halbrechts auf N Orange Avenue bis zur E Fairbanks Avenue, dort rechts in die S Park Avenue. Die Benutzung der öffentlichen Parkhäuser ist in den ersten vier Stunden kostenlos.
>
> **Öffnungszeiten:** Abfahrten stündlich von 10 bis 16 Uhr, Dauer 50 Minuten; die Touren werden bereits seit 1938 angeboten und haben mit das beste Preisleistungsverhältnis der ganzen Region.
>
> **Eintritt:** Erwachsene 16 USD, Kinder 8 USD
>
> **Aktivitäten:**
> - Charles Hosmer Morse Museum of American Art: Kontrastprogramm nach der Bootstour: keine 500 Meter vom Anleger entfernt befindet sich mit dem Museum eine weitere Low-Budget-Attraktion. Das Haus beherbergt die weltweit größte Sammlung mit Werken des Glaskünstlers Louis Comfort Tiffany; Dienstag bis Samstag von 9 bis 16:30 Uhr, Sonntag 13 bis 16:30 Uhr, Eintritt Erwachsene 6 USD, Kinder frei; 445 N Park Avenue, Winter Park, FL 32789, Tel. +1 407 645 5311, *morsemuseum.org*
>
> **Unterkunft:**
> - Croissant Gourmet Bakery: preiswertes französisches Café in der Nähe des Bootsanlegers; täglich 7 bis 18 Uhr; 120 E Morse Boulevard, Winter Park, FL 32789, Tel. +1 407 622 7753
>
> **Website:** *scenicboattours.com*

15. Leu Gardens: vom Industriekapitän zum König der Kamelien

Orlando mag wie eine völlig kommerzialisierte Stadt wirken. Doch wer genauer hinschaut, kann diverse Überraschungen entdecken. Dazu gehört auch ein Botanischer Garten mit einer berühmten Blumensammlung. Das Anwesen veranschaulicht zugleich, wie die Menschen in Florida vor nicht allzu langer Zeit noch gelebt haben.

Mächtige Virginia-Eiche

Orlando steckt voller Überraschungen. Und obwohl die Stadt noch im Jahr 1910 gerade mal 4000 Einwohner zählte, ist ihr sogar ein wenig Geschichte nicht fremd. So hat einer der ersten Sheriffs der Gemeinde Orange County schon 1858 ein Grundstück am Lake Rowena im Nordwesten der Stadt erworben. 1902 gelangte das Anwesen in den Besitz der Stummfilmschauspielerin Helen Gardner. 1936 schließlich ließ sich der Industrielle Harry P. Leu als Eigentümer ins Grundbuch eintragen.

Seinerzeit fungierte der 160.000 Quadratmeter große Komplex bereits als Farm, in deren Mitte sich ein Wohnhaus befand. Leu war steinreich geworden, weil er mit seiner Firma von Zäunen bis hin zu Motoren alles liefern konnte, was für das explosionsartige Wachstum Floridas erforderlich war. Bis zum Alter von 48 Jahren galt der harte Arbeiter als der begehrteste Junggeselle des Staates. Als er sich schließlich doch noch zum Ja-Wort entschloss, war aus dem Stand der unverheirateten Damen dem Vernehmen nach ein kollektiver Schrei des Entsetzens zu hören.

Erst jetzt ließ Leu es ruhiger angehen. Das frisch verliebte Paar verbrachte viel Zeit mit Reisen, auf denen es eine gemeinsame Leidenschaft für exotische Pflanzen entdeckte. Über die Jahre brachten die Leus immer größer werdende Mengen an Saatgut mit. So wurde aus der Farm langsam ein Botanischer Garten, der durch das subtropische Klima und den fruchtbaren Boden günstige Lebensumstände bot.

Harry P. Leu hatte es – egal, auf welchem Kontinent – vor allem auf Kamelien abgesehen. Bis heute sind mehr als 2000 der mit kapriziösen Blüten ausgestatteten Pflanzen auf dem Areal zu bewundern, die überwiegend von ihm persönlich oder von seinen Gärtnern gesetzt wurden. Sie sind während ihrer Blütezeit von November bis März das unumstrittene Prunkstück des Gartens. Ihre größten Konkur-

Zitrusfrüchteinspektion

renten sind die Rosen, die seinerzeit die Domäne von Mary Jane Leu waren. Die edle Zierpflanze präsentiert sich in 215 verschiedenen Züchtungen. Doch auch Azaleen, Hibiskus, Magnolien und Weinreben wissen in den weitläufigen Gärten zu begeistern.

Das Wohnhaus der Leus ist ebenfalls sehenswert. Das restaurierte Domizil stammt aus den zweiten Hälfte des 19. Jahrhunderts und steht auf der Liste der nationalen Denkmäler. Mit seinen zweieinhalb Stockwerken und einer doppelstöckigen Veranda ist es durchaus großzügig, aber letztlich nicht wesentlich luxuriöser als der Durchschnittsbau in einem gehobenen amerikanischen Suburb der Gegenwart. Die Leus mussten in der feuchtwarmen Umgebung ohne Klimaanlage und elektrischen Kühlschrank auskommen. Dafür haben sie bei der Auswahl des viktorianischen Mobiliars Geschmack bewiesen.

Villa aus Floridas Gründerzeit

So sind die Leu Gardens nicht nur eine willkommene Abwechslung vom touristischen Trubel Orlandos, sondern auch ein Anwesen von zeithistorischem Wert. Vor dem Spiegel unserer Zeit sagt ein Besuch viel über die Entwicklung Floridas und der USA aus. Vor Ort lernen Neugierige auch, dass der erste Besitzer auf den Namen David Mizell hörte. Er wurde 1870 in einen Hinterhalt gelockt und ist bis in die Gegenwart der einzige Hauptsheriff der Stadt, der im Dienst getötet wurde. Beigesetzt wurde er in Leu Gardens.

> **INFO**
>
> **Lage:** Sechs Kilometer nordöstlich von Downtown Orlando; Leu Gardens, 1920 N Forest Avenue, Orlando, FL 32803, Tel. +1 407 246 2620
>
> **Anfahrt:** über W Robinson Street nach Osten bis zur Hampton Avenue, nach Norden bis zum Virginia Drive, die erste links auf die N Forest Avenue bis zur Einfahrt
>
> **Öffnungszeiten:** täglich 9 bis 17 Uhr
>
> **Eintritt:** Erwachsene 10 USD, Kinder 5 USD
>
> **Aktivitäten:** Der Besuch von Leu Gardens lässt sich bequem mit den Attraktionen in Winter Park verbinden.
>
> **Restaurant:** Die nahe N Mills Avenue besitzt einen asiatischen Einschlag, was sich auch auf die Restaurantszene auswirkt. Tipp:
> - Hawker's Asian Street Fare: täglich ab 11 Uhr; 103 N Mills Avenue, Orlando, FL 32803, Tel. +1 407 237 0606, *eathawkers.com*
>
> **Unterkünfte:** Im Umkreis mehrerer Kilometer befinden sich nur Kettenhotels.
>
> **Hinweis:** Das Ehepaar hat das Anwesen zum Erhalt für die Nachwelt der Stadt überlassen. Wie so viele andere Anwesen in Florida, wurden auch die Leu Gardens von den schweren Hurrikanen der Jahre 2017 und 2018 in Mitleidenschaft gezogen. Das Gewächshaus dient als Raum für wechselnde Kunstausstellungen.
>
> **Website:** *leugardens.org*

16. Kennedy Space Center: schwereloser Lunch mit einem Astronauten

Cape Canaveral ist kein Geheimtipp. Doch der Besuch des Weltraumbahnhofs ist auch kein ödes Pflichtprogramm. Ein Garant dafür sind die auskunftsfreudigen Mitarbeiter, die frank und frei über ihre Erfahrungen berichten. Besonders spannend werden solche Begegnungen, wenn es sich um Astronauten handelt – ein Erlebnis, das gebucht werden kann.

Ready for Takeoff

Das Kennedy Space Center ist sehr beeindruckend. Manche würden auch ehrfurchtgebietend oder einschüchternd sein. Das Gelände auf Cape Canaveral misst 55 mal zehn Kilometer. Rund 17.000 Menschen verdienen hier ihr Geld. Hier sind Superschwerlastraketen mit dem Gewicht von 400 Elefanten und einer Länge von 110 Metern zu sehen. Und nicht zuletzt stehen da diese beweglichen Abschussrampen in der Gegend herum, die aussehen, als könnte man mit ihrer Hilfe auch Berge versetzen.

Vor diesem Hintergrund ist es eine freudige Überraschung, dass der Umgang mit Besuchern recht bodenständig ist. Weder die Raumfahrtgeschichte noch die Weltraumforschung scheinen in der wohl bekanntesten Dependance der NASA ein Staatsgeheimnis höchsten Ranges zu sein. Nein, die Spezialfahrzeuge für die Mondexpeditionen der Zukunft werden hier ganz einfach hinter einer dicken Glasscheibe entwickelt. Wer mit staunendem Blick durch einen Hangar schreitet und dabei vielleicht überlegt, ob der eigene Körper nun länger oder kürzer ist als der Durchmesser einer der hier zur Schau gestellten Raketendüsen, muss sogar damit rechnen angesprochen zu werden.

Der gesamte Publikumsbereich wird von Damen und Herren bevölkert, die vielleicht sogar dabei waren, als hier zwischen 1967 und 1973 eine von insgesamt 13 Saturn-V-Raketen ihren Weg ins All angetreten hat. Wenn dem so ist, handelt es sich um einen sogenannten Volunteer. So heißen in den USA freiwillige Mitarbeiter einer Organisation, die nicht selten ihr gesamten Berufsleben hier verbracht haben, um nun die interessanten Anekdoten aus dieser Ära an die Besucher von heute weiterzureichen.

Enorme Antriebskraft

Abschussrampe auf Cape Canaveral

Oft handelt es sich dabei um Ingenieure oder Labormitarbeiter. Im Kennedy Space Center aber lassen sich auch täglich Weltraumveteranen blicken. Die Astronauten stammen aus aller Herren Länder, und in einem Vortragsaal vermitteln sie den Besuchern aus erster Hand, wie es sich anfühlt, aus mehreren Zehntausend Kilometern Entfernung auf unseren Planeten herabzublicken. Oder was es für den Organismus bedeutet, über Wochen oder Monate in einer kleinen Kapsel zu leben, in der die Gesetze der Schwerkraft nicht wirken.

Marcos Pontes (Brasilien)

Wer mag, kann auch ein noch exklusiveres Angebot annehmen: Das Kennedy Space ermöglicht gegen einen Aufpreis einen Lunch mit einem Astronauten. Dort wird ein Buffet serviert, zu dem eine Frage- und Antwortrunde in kleinem Kreise gehört. Abschließend geht es zum gemeinsamen Fototermin – nicht schlecht für die Social-Media-Accounts.

Auch ohne solch publikumswirksame Extravaganzen aber lohnt sich der Besuch des immer noch aktiven Weltraumbahnhofs. Die Dauerausstellung umfasst neben Raketen, Raumkapseln und Mondfahrzeugen aller Generationen auch den Nachbau einer Einsatzzentrale, wobei die Geschichte auf spannende Weise erzählt wird. Zu den Exponaten zählt die Titelseite eines deutschsprachigen Boulevardblatts, das am 21. Juli 1969 mit der Schlagzeile für Heiterkeit sorgte, dass der Mond nun ein „Ami" sei.

Wer einem Raketenstart beiwohnen möchte, hat auch dazu Gelegenheit: Auf der Webseite befindet sich eine Countdown-Uhr,

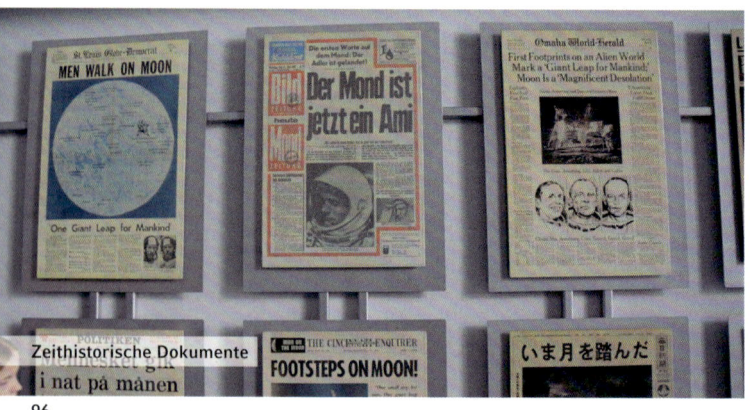
Zeithistorische Dokumente

welche die Stunden bis zum nächsten Start herunter zählt. Tickets allerdings sind immer schnell ausverkauft.

> **INFO**
>
> **Lage:** 80 Kilometer östlich von Orlando; Kennedy Space Center: Space Commerce Way, Merritt Island, Tel. +1 855 433 4210
>
> **Anfahrt:** über Fl-408 bis zur Ausfahrt 1B nach Osten, Fl-417 bis Ausfahrt 26 nach Süden, auf Fl-528 bis Ausfahrt 37 nach Osten, über Fl-407 und Fl-405 zum Center
>
> **Öffnungszeiten:** saisonal wechselnde Öffnungszeiten, täglich mindestens 9 bis 18 Uhr
>
> **Eintritt:** Erwachsene 57 USD, Kinder 47 USD. Der über die Webseite buchbare Lunch kostet einen Aufpreis von 30 USD, Termine, Namen und Funktion der Astronauten sind auf der Webseite vermerkt. Das Parken kostet zusätzlich 10 USD.
>
> **Aktivitäten:**
> - US Astronaut Hall of Fame: in sechs Kilometer Entfernung zum Besucherzentrum des Kennedy Space Center befindet sich dieses kleine Museum, das den Errungenschaften der amerikanischen Astronauten gewidmet ist. Es ist im Ticketpreis inbegriffen; NASA Parkway, Merritt Island, Titusville, FL 32899, Tel. +1 321 449 4444, *kennedyspacecenter.com*
>
> **Restaurant:**
> - Rising Tide Tap & Table: angeboten werden Tacos und Craft Beer; täglich 11 bis 0 Uhr; 523 Glen Cheek Drive, Port Canaveral, FL 32920, Tel. +1 321 576 0676, *risingtidetap.com*
>
> **Unterkünfte:**
> - Beach Place Guesthouses: 1445 S Atlantic Avenue, Cocoa Beach, FL 32931, Tel. +1 321 783 4045, *beachplaceguesthouses.com*
>
> **Website:** *kennedyspacecenter.com*

17. Ron Jon Surf Shop: Wahlheimat der Wellenreiter

Der Smash Hit „Surfin USA" von den Beach Boys ist nicht in Florida, sondern in Kalifornien angesiedelt. Überhaupt ist die Surfer-Kultur im Sunshine State nicht so präsent wie an der Westküste. Zumindest eine Institution aber ist jedem bekannt, der mal in Nordamerika auf einem Brett gestanden hat. Und wer sie noch nicht kennt, wird schon Hunderte Kilometer vor Cocoa Beach mithilfe von Billboards darauf aufmerksam gemacht.

Es gibt unendlich viele Möglichkeiten, Heiligabend, den Neujahrsmorgen oder Karfreitag zu verbringen. Wer sich mehr oder weniger in der Mitte von Floridas Ostküste aufhält, kann sich für eine recht kuriose Variante entscheiden: den Besuch von Ron Jon Surf Shop. Das Geschäft nämlich sonnt sich in der Tatsache, seine Pforten niemals zu schließen. Das bedeutet im Umkehrschluss: Es ist an 365 Tagen 24 Stunden lang geöffnet. Jedes Jahr.

Dies allein wäre vermutlich noch keine Geschichte wert. Doch mit einer Verkaufsfläche von 4831 Quadratmetern handelt es sich um das weltweit größte Fachgeschäft für Wellenreiterbedarf. Untergebracht ist es in einem nicht weniger bemerkenswerten Bau, der von stilisierten Art-déco-Türmchen flankiert wird, über eine partielle Glasfassade verfügt und der ansonsten in Pastellfarben angestrichen ist, was unter dem Strich für die Klassifizierung als postmodernes Scheusal genügt. Alternativ würde auch der Begriff des Disneylands unter den Surf Shops passen.

Doch wie konnte es dazu kommen? Nun, 1959 hat in New Jersey ein gewisser Ron DiMenna ein Geschäft für Surfbedarf eröffnet. Daraus wurde über die Jahrzehnte eine kleine Kette mit zwölf Niederlassungen bis hinunter nach Key West. Lediglich in Kalifornien konnte sich das Unternehmen nicht halten. Dem Standort in Cocoa Beach kam dabei besondere Bedeutung zu: Während fast die gesamte Küste Floridas eher durch seichte Gewässer mit bestenfalls moderatem Wellengang auffällt, ist die Barriereinsel südlich von Cape Canaveral

Immer geöffnet: Ron Jon's

mit einer beständigen Brandung gesegnet. So hat sich der langgestreckte Strandort als inoffizielle Surfer-Kapitale Floridas etabliert. Übermütige Menschen erheben sogar Anspruch auf den Titel der Wellenreiterhauptstadt der Ostküste.

So richtig zum Leben erweckt wurde Cocoa Beach erst, als 1962 etwa 25 Kilometer weiter nördlich das Kennedy Space Center eröffnet hat. Schon kurz darauf waren auf den Straßen auffällig viele VW-Busse zu sehen – und bis heute treffen sich die langhaarigen, blonden Berufsjugendlichen, welche die Surfer-Kultur typischerweise verkörpern, rund um den Pier von Cocoa Beach. Das äußerste Ende der charmanten Holzkonstruktion aus dem Jahr 1962 ist ein hübscher Ort zum Konsum kühler Drinks.

Abgesehen vom Pier und den Vorzügen des Strands, ist die wichtigste Touristenattraktion der Ron Jon Surf Shop. Rund zwei Millionen Besucher kommen jedes Jahr hierhin, was einem Tagesschnitt von

Seebrücke in Cocoa Beach

5480 Kunden entspricht. Nicht alle decken sich hier mit Longboards ein, nein, von Bikinis und Badeschlappen über Sonnenbrillen und Sonnenmilch ist das Angebot in jeder Sparte für sich überwältigend groß. Ein Museum verleiht weitere Anreize zum Verbleib, es ist der Surferkultur der Ostküste gewidmet, wobei das neue Digitalarchiv eine große Bandbreite von Augenzeugenberichten bereithält.

Wichtigster Treffpunkt der Community ist ein jedes Jahr zur Osterzeit ausgetragenes Surfer-Festival. Versteht sich von selbst, dass Ron Jon Surf Shop an diesen Tagen besonders gut besucht ist. Das gilt auch für die hauseigene Surf-Schule, wo sowohl Anfänger wie auch Halbprofis ihre Technik verbessern können.

> **INFO**
>
> **Lage:** 100 Kilometer östlich von Orlando; Ron Jon Surf Shop: 4151 N Atlantic Avenue, Cocoa Beach, FL 32931, Tel. +1 321 799 8888
>
> **Anfahrt:** über US 528 und A1A in Richtung Cape Canaveral, dort auf A1A in Richtung Süden
>
> **Öffnungszeiten:** täglich 0 bis 24 Uhr
>
> **Aktivitäten:**
> - Canaveral National Seashore: Für Naturfreunde lohnt der Ausflug zum 40 Kilometer langen Küstenstreifen, der von Menschenhand nahezu unberührt ist. Zum prächtigen Playalinda Beach führt eine gut ausgebaute Straße. Der Strand gilt bei geeigneter Witterung als Premiumplatz zur Beobachtung von Raketenstarts; 15 USD pro Fahrzeug; Tel. +1 321 267 1110, *nps.gov/cana*
>
> **Restaurant:**
> - Fat Kahuna's: eigentümergeführtes Restaurant mit mutigen, tropischen Gerichten; 8 Minutemen Causeway, Cocoa Beach, FL 32931, Tel. 321 783 68 58, *fatkahunas.com*
>
> **Websites:**
> - *ronjonsurfshop.com*
> - *www.visitcocoabeach.com*

18. St. Augustine: Sehnsucht nach Geschichte und Tradition

In den USA war St. Augustine lange nur Insidern bekannt. Bis das Städtchen vor nicht allzu langer Zeit einen Superlativ für sich entdeckte: Der Ort mit seinen 13.000 Einwohnern ist die am längsten kontinuierlich bewohnte Siedlung des Landes. Zur Bestätigung dieser Entdeckung bedurfte es allerdings eines kleinen Perspektivwechsels.

Flagler College

Das 1607 von britischen Siedlern gegründete Jamestown in Virginia ist die älteste Stadt des Landes. Das war bis vor Kurzem in amerikanischen Geschichtsbüchern einheitlich nachzulesen. Dabei wurde geflissentlich ignoriert, dass St. Augustine schon 1565 besiedelt wurde – allerdings nicht von Briten, sondern von spanischen Seefahrern. Dies schien unter Historikern nicht zu zählen.

In den zurückliegenden Jahren hat St. Augustine seine Historie als prächtiges Verkaufsargument entdeckt. Eine entsprechende Vermarktungskampagne fand ihren vorläufigen Höhepunkt anläss-

Das trutzige Castillo San Marcos ...

lich der 450-Jahrfeier im Jahr 2015. Weil sich viele Amerikaner so sehr nach Geschichte und Tradition sehnen, strömen sie nun voller Neugier in Floridas Norden. Vor allem an Wochenenden wollen sie sich nun vergewissern, ob es hier am Ende wie in Salamanca oder Granada aussieht.

... ist ein nationales Denkmal

Nun, nicht ganz. Doch die Jahrhunderte haben tatsächlich ihre Spuren hinterlassen. Ziemlich beeindruckend ist das Castillo de San Marcos am Rande des kleinen Zentrums. Das mächtige Fort wurde 1672 von den Spaniern errichtet, die ihre Stadt gegen die immer aggressiver werdenden Briten verteidigen wollten. Bis zum Beitritt Floridas zu den Vereinigten Staaten 1845 wechselte das Gebiet in der Folge mehrfach den Besitzer.

Ganz in der Nähe steht in der St. George Street (Nummer 14) das älteste aus Holz gebaute Schulgebäude der USA. Es wurde 1714 erstmals urkundlich erwähnt, könnte aber deutlich älteren Datums sein. Auch die von 1793 bis 1797 erbaute Cathedral Basilica of St. Augustine verdient das Prädikat „historic" – selbst wenn sich andere Städte an der Ostküste seinerzeit schon längst aufgemacht haben, die Metropolen der Zukunft zu werden.

Kathedrale von St. Augustine

Um dem Ehrfurcht erweckenden Alter noch ein bisschen mehr Substanz zu verleihen, gibt es mitten in St. Augustine das Colonial Quarter. Hier werden die Lebensformen der Vergangenheit gebührend gefeiert, ähnlich wie Europäer einen respektvollen Kniefall vor einem römischen Statthalterpalast oder einem spektakulären Viadukt machen würden.

Amerikas älteste Schule

Dabei geht es betont amerikanisch zu: Kostümierte Laiendarsteller schlüpfen in die Rolle kerniger Handwerker oder tapferer Soldaten. Ein mit verwitterten Holzplanken ausgelegter Pfad führt vorbei an ausgesuchten Flaggen, welche die wechselvolle Geschichte symbolisieren. Und auch die Gastronomie ist betont rustikal: Das den Spaniern gewidmete Lokal heißt Taberna des Caballo, während die britischen Siedler ihre kulinarische Selbstverwirklichung im Bull & Crown Publick House vollziehen. Das ist ebenso charmant wie lehrreich. Und ein bisschen Show gehört halt dazu – schließlich ist Disneyland nicht weit.

Diese Elemente mögen den Unterhaltungsfaktor steigern. Dennoch aber wirkt St. Augustine keineswegs wie ein Themenpark. Viel mehr konnte sich das Städtchen einen Charakter bewahren, der Orten vergleichbarer Größe in Nordamerika meist abgeht. Allein schon die stattliche Fußgängerzone mit überwiegend eigentümergeführten Geschäften und Restaurants ist eine wohltuende Abwechslung im Land der Strip Malls und der Einkaufszentren. So gesehen ist St. Augustine nicht nur ein Muss für jeden geschichtsbewussten Amerikaner, sondern auch eine Empfehlung für Europäer, die sich nach der Heimat sehnen.

INFO

Lage: 70 Kilometer südöstlich von Jacksonville

Anfahrt: über die I-95 nach Süden bis zur Ausfahrt 318, über die US-16 in Richtung Osten nach St. Augustine

Öffnungszeiten:
- Castillo de San Marcos: täglich 9 bis 17:30 Uhr, Eintritt Erwachsene 15 USD, Kinder frei; 1 S Castillo Drive, St. Augustine, FL 32084, Tel. +1 904 829 6506, *nps.gov/casa*
- Colonial Quarter: täglich 10 bis 17 Uhr, Eintritt Erwachsene 13 USD, Kinder 7 USD; 33 St. George Street, St. Augustine, FL 32084, Tel. +1 888 991 0933, *colonialquarter.com*

Restaurant:
- Columbia Restaurant: spanische Küche in einem 110 Jahre alten Lokal; 98 St. George Street, St. Augustine, FL 32084, Tel. +1 904 824 3341, *columbiarestaurant.com*

Unterkunft:
- St. George Inn: hübsches Hotel am Rande der Fußgängerzone mit kleinem Patio und kostenlosem Frühstück; 4 St. George Street #101, St. Augustine, FL 32084, Tel. +1 888 827 5740, *stgeorge-inn.com*

Websites:
- *visitstaugustine.com*
- *floridashistoriccoast.com*

19. Villa Zorayda: Geburtsort der Fantasiearchitektur

Reiche Menschen können ganz schön exzentrisch sein. Das hat ein Millionär aus Boston 1883 in St. Augustine bewiesen. Er hat dem Städtchen einen Bau beschert, der einerseits auf typisch amerikanische Weise den Traum vom „alten Europa" nährt. Zugleich aber sollte das Gebäude einen neuartigen architektonischen Stil prägen, der für Florida typisch wurde.

Wie die Alhambra von Granada, nur in klein

Eine schwülheiße Sumpflandschaft, die dank Moskitos und Alligatoren mehr oder weniger lebenswert ist. So ungefähr blickte der Norden der USA bis in die zweite Hälfte des 19. Jahrhunderts auf Florida. Doch bald – nachdem der Bau von Eisenbahnlinien die Anreise vereinfachte – entdeckte die Oberschicht von der Ostküste die Vorzüge des warmen Klimas. Immer mehr Reiche leisteten sich hier ein Domizil, wo sie dem launischen Winter ihrer Heimat entflohen. Die bis heute wachsende Population der „Snowbirds" war geboren.

Orlando und der Nordosten

Zu den Schneevögeln im Süden gehörte auch Franklin Webster Smith (1826 bis 1911). Smith entstammte einer wohlhabenden Familie aus Boston, der seine Reichtümer unter teils dubiosen Umständen multiplizieren konnte. Als prominentes Mitglied der Republikanischen Partei gehörte er zu den geladenen Gästen Abraham Lincolns, als dieser den Beginn seiner Präsidentschaft mit einem Ball feierte.
Neben seinen Geschäften und der Politik interessierte sich Smith auch für Architektur. Als reisefreudiger Milliardär war er zudem regelmäßig in Europa und Nordafrika unterwegs, wo er sich mit kostbaren Kunstwerken eindeckte. Bei seinen Reisen hatte es ihm vor allem ein Gebäude angetan, das bis heute zu den ultimativen Kulturschätzen der iberischen Halbinsel gerechnet wird: die Alhambra in Granada.

Als Smith sich zum Bau eines Wintersitzes in St. Augustine entschloss, hatte er etwas ebenso Repräsentatives wie Einzigartiges vor Augen. Geld spielte keine Rolle. Warum also nicht so etwas Ähnliches wie die Alhambra entwerfen? Nicht ganz so groß, aber vielleicht im Maßstab eins zu zehn? Einen Entwurf im maurischen Stil mit Turm, Zinnen, Zwillingsfenstern, Hufeisenbögen und Zierblenden hatte der Hobbyarchitekt bald angefertigt. Dabei war die Behausung stilecht um einen Patio angelegt.

Bliebe noch das Problem der Realisierung, was im Florida der 1880er-Jahre nicht unerheblich war. Schließlich handelte es sich um einen Landstrich am Rande der Wildnis, wo andere Baustoffe als Holz immer noch rar waren. Bei der Lösung hat Smith unter anderem die Hilfe eines Steinmetzes aus Boston in Anspruch genommen. Gemeinsam sind sie auf die Idee gekommen, kostbaren Zement mit Muschelkalk zu strecken. Einmal angerührt, gewann der neu geschaffene Baustoff zur allgemeinen Überraschung schnell eine beeindruckende Härte. Nachdem sich dies herumgesprochen hatte, sollte das Material in Florida lange Zeit zum Häuserbau eingesetzt werden.

Bald konnte Smith sein Domizil beziehen, die er Villa Zorayda taufte. Den Namen entlieh er der Essaysammlung „Tales of the Alhambra" des Schriftstellers Washington Irving. Auch der neomaurische Baustil machte Schule. Unter anderem entschloss sich Smith zum Bau des Casa Monica Hotels, das 1888 seine Pforten öffnete. Weitere Prunkbauten folgten.

Einige Entwürfe stehen bis heute. Dabei wird die Villa Zorayda für immer eine Pionierleistung bleiben, denn sie war der erste Fantasiebau Floridas. So wurde Smith zum Wegbereiter eines architektonischen Genres, das wie kein anderes für Florida steht. Vielleicht wären ohne seine Vision, seinen Wagemut und seinen Größenwahnsinn auch Disneyland und all die anderen Themenparks nicht möglich gewesen.

> **INFO**
>
> **Lage:** 70 Kilometer südöstlich von Jacksonville; Villa Zorayda: 83 King Street, St. Augustine, FL 32084, Tel. +1 904 829 9887
>
> **Anfahrt:** über die I-95 nach Süden bis zur Ausfahrt 318, über die US-16 in Richtung Osten nach St. Augustine
>
> **Öffnungszeiten:** Montag bis Samstag 10 bis 17 Uhr, Sonntag 11 bis 16 Uhr
>
> **Eintritt:** Erwachsene 12 USD, Kinder 5 USD
>
> **Unterkunft:**
> - Casa Monica Resort & Spa: Das 1888 von Franklin Webster Smith in Auftrag gegebene Hotel gehört heute zur Kessler Collection; 95 Cordova Street, St. Augustine, FL 32084, Tel. +1 904 827 1888, *kesslercollection.com/casa-monic*
>
> **Hinweis:** Die Villa Zorayda wurde 1913 an die ursprünglich aus Syrien stammende Familie Mussallem verkauft, in deren Besitz sie sich bis heute befindet. Im Laufe des 20. Jahrhunderts wurde das extravagante Haus unter anderem als Restaurant, Hotel, Nachtclub und Casino genutzt. Heute ist die Villa Zorayda ein Museum, dessen Charakter weitgehend erhalten ist. Seit 1993 steht es unter Denkmalschutz.
>
> **Website:** *villazorayda.com*

20. St. Augustine Distillery: Überbleibsel aus Floridas Eiszeit

Die 1920er-Jahre gelten im kollektiven Gedächtnis als wildromantisches Zeitalter, in dem exzessives Feiern normal war. In den USA allerdings herrschte von 1920 bis 1933 die Prohibition. Der gepflegte Konsum von Cocktails fand allenfalls hinter verschlossenen Türen statt. Und dazu bedurfte es einer Zutat, deren Vorhandensein damals nicht selbstverständlich war. Eine Destille mit angeschlossenem Restaurant führt vor Augen, was es damit auf sich hat.

Key West war 1910 mit gut 30.000 Einwohnern die größte Stadt Floridas. Doch auch St. Augustine gehörte zu den fünf größten

Top-Adresse für Cocktails: Ice Plant Bar

Orten. Die Entwicklung der Infrastruktur war auf einem guten Weg: St. Augustine etwa konnte seit 1905 auf ein eigenes Kraftwerk bauen. Seit 1917 gehörte zu dem Gebäudekomplex auch eine Einrichtung, die heute in dieser Form komplett von der Bildfläche verschwunden ist: ein Kühlhaus, in dem riesige Blöcke von Natureis eingelagert wurden, das in den Wintermonaten mit großem Aufwand aus kälteren Gefilden importiert wurde und das sich bei fachgerechter Lagerung mehr als ein Jahr lang hielt.

Nur so konnten die Getränke im heißen Florida auf Temperatur gebracht werden – und Eiswürfel sollten bis weit in die 1920er-Jahre ein Luxus bleiben, als der elektrische Kühlschrank endlich serienreif wurde. Viele Haushalte verfügten erst in den 1950ern über diesen Komfort. Auch das Kraftwerk wurde irgendwann durch

Neue Nutzung als Destille

ein effizienteres ersetzt. Das im Hinterhof von St. Augustine gelegene Industriedenkmal wurde überflüssig und war somit seinem unweigerlichen Schicksal überlassen. Und das lautete nicht zuletzt aus mangelndem Interesse für die eigene Geschichte: Verfall.

Erst 2011 bahnte sich eine neue Nutzung für das historische Bauwerk an. Vier Geschäftsleute aus der Region hatten erkannt, dass überall in den USA regionale Produkte verstärkt in den Fokus rückten. Sie beschlossen, eine Schnapsbrennerei ins Leben zu rufen und wurden bei der Suche nach geeigneten Räumlichkeiten in dem aussortierten Kraftwerk fündig. Ein wichtiges Argument war dabei die Tatsache, dass der passabel erhaltene Gebäudekomplex zugleich Platz für ein Restaurant bot.

Seit März 2014 ist die Stadt nun um eine Attraktion reicher. Dabei gelingt es der St. Augustine Distillery auf angenehme Weise das Lebensgefühl der „Good old Times" zu verbreiten: In den Produktionsstätten stehen Brennkessel aus Kupfer, in denen hochwertige Spirituosen hergestellt werden. Den Anfang haben Wodka und Gin gemacht. 2016 kam der fassgelagerte Bourbon hinzu. Außerdem hat das Haus auch einen eigenen Rum aufgelegt – eine Novität für den gesamten Bundesstaat.

Noch stilvoller ist das Restaurant, das nicht nur mit seinem Namen Ice Plant die Vergangenheit wiederaufleben lässt. Begrüßt wird der Gast in der minimalistisch eingerichteten Bar, an deren Decke noch der alte Kran hängt, mit dessen Hilfe einst die Eisblöcke bewegt wurden. Heute servieren Barmixer hier kunstvolle Cocktails – mit hauseigenen Spirituosen, die gekonnt als Traditionsprodukte angepriesen werden. Dabei wird lustigerweise eine Vergangenheit heraufbeschworen, die es in dieser Form nie gegeben hat. Amerikaner sind halt Großmeister des Marketings.

Das Restaurant hat sich auf zeitgenössische amerikanische Küche nach dem nicht mehr ganz neuen, aber dennoch sympathischen Prinzip „Farm to Table" spezialisiert. Eine Kostprobe: Hausgemachte schwarze Spaghetti mit Baby-Oktopus oder Gegrillte Hähnchenfrikadellen mit Zitronengras, Paprikagelee und Salat von der grünen Mango.

> **INFO**
>
> **Lage:** 70 Kilometer südöstlich von Jacksonville; St. Augustine Distillery: 112 Riberia Street, St. Augustine, FL 32084, Tel. +1 904 825 4962
>
> **Anfahrt:** über die I-95 nach Süden bis zur Ausfahrt 318, über die US-16 in Richtung Osten nach St. Augustine
>
> **Öffnungszeiten:** Montag bis Samstag 10 bis 18 Uhr, kostenlose Führungen durch die Destille halbstündlich von 10:30 bis 17 Uhr
>
> **Restaurant:**
> - Ice Plant Bar & Restaurant: Montag 11:30 bis 0 Uhr, Dienstag bis Freitag 11:30 bis 2 Uhr, Samstag 10 bis 2 Uhr, Sonntag 10 bis 0 Uhr; 110 Riberia Street, St. Augustine, FL 32084, Tel. +1 904 829 6553, *iceplantbar.com*
>
> **Einkaufen:** Für Experimentierfreudige gibt es ganz in der Nähe die San Sebastian Winery. Hier wird Florida als die Wiege des amerikanischen Weinbaus angepriesen, was angesichts der spanisch geprägten Siedlungsgeschichte wahr sein mag. Doch das Terroir in den flachen, sumpfigen Subtropen lässt doch etwas zu wünschen übrig; 157 King Street, St. Augustine, FL 32084, Tel. +1 904 826 1594, *sansebastianwinery.com*
>
> **Website:** *staugustinedistillery.com*

21. Kingsley Plantation: unorthodoxe Geschichte der Sklaverei in Florida

Die Sklaverei und der daraus resultierende Bürgerkrieg sind das große amerikanische Trauma. Obwohl Florida zum Verbund der Südstaaten gehörte, spielten Menschenhandel und Zwangsarbeit hier kaum eine Rolle. An der Grenze zu Georgia allerdings sah das anders aus. Eine Plantage erinnert an das düstere Kapitel der Geschichte.

Florida blickt auf eine wechselvolle Geschichte zurück: Von 1513 bis 1763 war der heutige Bundesstaat spanisches Territorium. Anschließend tauschten die Iberer Florida gegen die Vorherrschaft über Kuba ein. Für die kommenden 20 Jahre sollten die Briten das Kommando übernehmen. Infolge des amerikanischen Unabhängigkeitskrieges konnten die Spanier den geschwächten Briten Florida erneut abspenstig machen. 1822 wurde der Staat unter dem Namen Florida Territory zunächst zu einem losen Verbundpartner der Vereinigten Staaten, ehe er 1845 zum 27. Bundesstaat ausgerufen wurde.

Relikt aus düsteren Zeiten: die Plantation

Totholz auf Talbot Island

Während dieser knapp drei Jahrhunderte war Florida allerdings nur ausgesprochen dünn besiedelt. Noch kurz vor dem Amerikanischen Bürgerkrieg (1861 bis 1865) belief sich die Einwohnerzahl auf lediglich rund 150.000 Menschen, deren Rechte sich unter der jeweiligen Besatzungsmacht fortwährend änderten. Lediglich die Seminolen als amerikanische Ureinwohner wurden kontinuierlich von den europäischen Siedlern bekämpft.

Angespannt war die Lage zudem im Norden Floridas: Die Grenze zum Nachbarstaat Georgia war ungesichert, was britische Sklaven während der zweiten spanischen Regentschaft zur Flucht in den Süden bewegte. Hier pflegten die Spanier deutlich liberalere Rassengesetze. Unter anderem durften sich verdiente Sklaven freikaufen, wonach sie als Arbeitskräfte entlohnt wurden und sich eigene Existenzen in Freiheit aufbauen konnten.

In dieser Epoche hat der britische Quäker Zephaniah Kingsley hier seine Zelte aufgeschlagen. 1814 kaufte er auf dem nördlich von Jacksonville in einem Flussdelta gelegenen Fort George Island eine Plantage zum Anbau von Baumwolle, Zuckerrohr und

Staunen über spanisches Moos

Zitrusfrüchten. Die älteste in Florida noch existierende Anlage dieser Art wird heute vom National Park Service betrieben, der ihre Geschichte gewohnt akkurat erzählt.

Diese ist in mehrfacher Hinsicht besonders: Zephaniah Kingsley war mit Anna Madgigine Jai verheiratet, was ihn in den angrenzenden Bundesstaaten zur Persona non grata machte, denn Anna war eine Afrikanerin mit dunkler Hautfarbe, die aus dem Senegal stammte. Bei der Hochzeit war Anna erst 13 Jahre alt, im Alter von 18 Jahren wurde sie von ihrem Gemahlen offiziell befreit, um später auf Kingsley Plantation selbst die Aufsicht über rund 60 Sklaven zu führen.

Als sich anbahnte, dass Florida erneut Teil der USA werden würde, fühlte sich die Familie akut bedroht. Noch ehe es so weit war, starb Zephaniah. Als seine zum Teil weißen, zum Teil multiethnischen Erben es auch auf Annas Anteil abgesehen hatten, wehrte sich diese erfolgreich dagegen. Das in Florida ansässige Gericht achtete somit ein Abkommen, das die Spanier mit den Amerikanern getroffen hatten.

Die unorthodoxe Biographie des ungleichen Paares spiegelt die komplexe Historie Floridas gleich in mehrfacher Hinsicht. Sowohl das Herrenhaus wie auch einige Sklavenhütten sind bis heute auf dem Anwesen erhalten. Ein Besuch der Plantage führt tief zurück in eine Vergangenheit, die im Sunshine State sonst kaum noch beachtet wird. Das Timucuan Ecological and Historic Preserve dient dabei mit schwüler Hitze, Insekten und Alligatoren als dramatische Kulisse.

> **INFO**
>
> **Lage:** 40 Kilometer nordöstlich von Jacksonville (die postalische Adresse in Jacksonville ist leicht irritierend und ändert nichts an der Distanz); Kingsley Plantation: 11676 Palmetto Avenue, Jacksonville, FL 32226, Tel. +1 904 251 3537
>
> **Anfahrt:** über die I-295, Ausfahrt 41 auf den A1A in Richtung Amelia Island
>
> **Öffnungszeiten:** täglich 9 bis 17 Uhr
>
> **Eintritt:** kostenlos
>
> **Aktivitäten:**
> - Kingsley Plantation liegt inmitten des Timucuan Ecological and Historic Preserve. Dazu gehört auch der American Beach, der seinerseits eine bedeutende Stätte ist. Nach dem amerikanischen Bürgerkrieg und dem Ende der Sklaverei ist in den Südstaaten die Segregation in Kraft getreten, die Afroamerikanern den Zutritt zum Strand verbot. Am American Beach (zwischen Franklintown und Amelia City auf Amelia Island) wurde Afroamerikanern 1935 erstmalig ein Strandbad geöffnet.
> - Das weitläufige Timucuan-Naturschutzgebiet bietet sich außerdem für Wanderungen, Radtouren und Kajakausflüge an. Auf der Homepage sind Vorschläge für die Tagesgestaltung vermerkt. Ein Highlight ist die Überquerung des St. Johns River per Fähre, die alle 30 Minuten zwischen Mayport Village und Fort George Island pendelt; *ferry.jtafla.com*
>
> **Websites:**
> - *nps.gov/timu*

22. Palace Saloon: ruppig aus Tradition

Im äußersten Nordosten Floridas lockt eine Bar, die für sich den Anspruch erhebt, die älteste ununterbrochen betriebene des Bundesstaats zu sein. Sie stammt aus einer Zeit, als der Rest Floridas noch kaum erschlossen und Fernandina Beach einer der betriebsamsten Häfen des Südens war. Seine wilde Aura hat der Palace Saloon bis heute nicht eingebüßt.

Fernandina Beach ist ein herrlicher Ort. Ganz im Norden von Amelia Island gelegen, verfügt das Städtchen mit seinen 12.000 Einwohnern über endlose Sandstrände. Die Straßenzüge im Zentrum werden von Südstaatenvillen flankiert, an denen Virginia-Eichen tentakelartig ihre stattlichen Äste ausfahren. Vor den Launen des Atlantiks geschützt, breitet sich im Landesinnern ein hübscher Sporthafen aus.

Im Fiaker durch Fernandina Beach

Von hier aus legen die Fähren nach Cumberland Island ab, einer vorgelagerten Barriereinsel, die bereits zu Georgia gehört. Das Eiland war früher eine bevorzugte Adresse für Industriellenfamilien, unter anderem die Carnegies und die Rockefellers haben sich dort stattliche Domizile errichtet. Heute steht sie komplett unter Naturschutz, wobei das Greyfield Inn als einzige Unterkunft jene Zeiten lebendig hält, als das Reisen noch glamourös war.

Fernandina Beach allerdings hat einen Schönheitsfleck, der nicht unerheblich ist: Am Nordrand steht eine riesige Papiermühle, die den Ort bei entsprechender Windrichtung in einen bläulichen Dunst hüllt, der mit üblen Gerüchen einhergeht. Die Gesundheit der Anwohner und der Umweltschutz haben es in den USA eben nicht immer leicht, wenn ihnen die Interessen des Großkapitals entgegenstehen. Aber das nur am Rande.

Davon unbeeindruckt, steht nur wenige Schritte vom Hafen ein Eckhaus aus Backsteinen. Errichtet wurde es 1878 als Haberdashery, so das englische Wort für Kurzwarengeschäft. 1903 kaufte ein gewisser Louis G. Hirth das Prescott House, das er flugs in einen Saloon umwandeln wollte. Hierzu beanspruchte er die Hilfe seines Freundes Adolphus Busch, der als Mitbegründer der Brauerei Anheuser-Busch eine typisch amerikanische Karriere hingelegt hatte.

Die älteste Kneipe Floridas

Busch, so die Legende, reiste aus St. Louis an, um für die Einrichtung verantwortlich zu zeichnen: eine zwölf Meter lange Holztheke, eine kassettierte Decke und einen gefliesten Fußboden mit floralen Ornamenten. Das Äußere ist nicht weniger markant: Neben dem Neonschriftzug zieht vor allem die Doppeltür die Aufmerksamkeit auf sich, weil der Innenraum sich hier weit zurückzieht, um wartenden Besuchern ein Dach über dem Kopf bieten zu können.

In den Annalen der Stadt ist festgehalten, dass der Palace Saloon kurz nach Eröffnung eine von rund 20 Bars in Fernandina Beach war. Doch schon schnell konnte er sich als erste Adresse etablieren. 1905 war der Saloon der erste seiner Art, der neben Schnaps und Bier auch Coca-Cola ausgeschenkt hat. Selbst die Carnegies und die Rockefellers reisten regelmäßig per Boot von Cumberland Island an. Seinen größten Umsatz machte der Laden am 15. Januar 1920. Am Vorabend der Prohibition war der Palace Saloon das letzte noch geöffnete Etablissement, was angeblich zu Einnahmen von nicht weniger als 60.000 Dollar geführt hat.

Institution seit 1905

So oder so ist die Liste der Anekdoten lang. Wie es sich für einen ordentlichen Saloon gehört, geht es ein bisschen ruppiger zu als in den konfektionierten amerikanischen Kneipen der Gegenwart. Mindestens drei Mal pro Woche treten Bands auf, der Bourbon fließt in Strömen – und bei der letzten

Inspektion vor Ort wurde in einem abgetrennten Bereich sogar noch dem Konsum von Tabakwaren gefrönt.

INFO

Lage: 55 Kilometer nordöstlich von Jacksonville; The Palace Saloon: 117 Centre Street, Fernandina Beach, FL 32034, Tel. +1 844 441 2444

Anfahrt: über die I-295 und A1A

Öffnungszeiten: täglich 12 bis 2 Uhr

Aktivitäten: Wer Gelegenheit zu einem Ausflug nach Cumberland Island hat, ohne im Greyfield Inn unterzukommen, muss die Fähre von St. Marys in Georgia nehmen. Für Hotelgäste wird ein Shuttleboot betrieben, das von Fernandina Beach hinüberpendelt; cumberlandislandferry.com

Aktivitäten:
- España: ungewohnt für die USA: Das Restaurant serviert authentische iberische Gerichte – eine schöne Abwechslung zu den sonstigen Speisekarten; täglich 17 bis 22 Uhr; 22 S 4th Street, Fernandina Beach, FL 32034, Tel. +1 904 261 7700, *espanadowntown.net*

Unterkünfte:
- Blue Heron Bed & Breakfast: heimeliges Quartier unweit des Zentrums, plüschige Zimmer, nachmittags warme Cookies; 102 S 7th Street, Fernandina Beach, FL 32034, Tel. +1 904 445 9034, *ameliaislandblueheroninn.com*
- Greyfield Inn:, einmaliges Herrenhaus auf der angrenzenden Cumberland Island mit wunderbaren Ausflugsmöglichkeiten. Eigentümerin Gogo Ferguson war mit J. F. Kennedy Jr. Befreundet; 4 N Second Street #300, Fernandina Beach, FL 32034 , Tel. +1 904 261 6408, *greyfieldinn.com*

Hinweis: Amelia Island ist bekannt für seine Pferde, die für Ausritte auf dem Strand gebucht werden können, *ameliaisland.com*

Website: *thepalacesaloon.com*

23. White Springs: zugeknöpfte Badegäste der ersten Stunde

Dem Suwannee River hat der Folkbarde Stephen Foster (1826 bis 1864) schon Mitte des 19. Jahrhunderts zu einiger Berühmtheit verholfen. Das Lied „Old Folks at Home (Swanee River)" ist bis heute die offizielle Hymne des Bundesstaats Floridas. Der Fluss wurde allerdings nicht nur besungen: An seinen Ufern entstand eine Badeanstalt, die zum Vorboten des aufkommenden Tourismus in Florida werden sollte.

Carillon für Stephen Foster

Kaum ein Mensch nimmt heute noch von White Springs Notiz. Etwas abseits der Interstate 10 liegt der Ort im touristischen Niemandsland zwischen Jacksonville und Tallahassee. Das will keineswegs heißen, dass die Landschaft hier unansehnlich wäre. Doch mit dichten Wäldern und sanften Hügeln repräsentiert sie eben nicht jenes Florida, das die meisten Touristen heute vor Augen haben.

Das macht einen kleinen Abstecher umso interessanter. Nur acht Meilen nördlich des I-10 erinnern gleich mehrere Stätten an die Vergangenheit. Dazu gehört auch der Stephen Foster Folk Culture Center State Park, dessen Ursprünge auf das Jahr 1931 datieren. Damals wollte eine Industriellenfamilie dem Autor von mehr als 200 Liedern ein Denkmal setzen, also erwarb sie eine Landparzelle.

White Springs hat schon bessere Zeiten gesehen.

Seitdem lockt an den Ufern des Suwannee River eine waldreiche Parkanlage zur Huldigung Fosters. Dazu gehört neben einem Antebellum Museum auch ein Handwerkerdorf, das an die vergessenen Berufe des 19. Jahrhunderts erinnert. Deutlich bemerkenswerter aber ist ein 61 Meter hoher Turm, der einem Sakralbauwerk nachempfunden ist und der eines der größten jemals in der westlichen Hemisphäre gebauten Musikinstrumente beherbergt: ein Carillon mit 97 Glocken, das in der Tradition eines Kirchturms zu festgelegten Zeitpunkten die Melodien Fosters zum Leben erweckt.

Der gepflegte State Park ist zudem Ausrichtungsort des Florida-Folk-Festivals, das jedes Jahr am Memorial Day Weekend Ende Mai rund 300 Künstler in den hohen Norden Floridas bringt, die vor einem gut informierten Publikum die Tradition ehrlicher Roots-Musik hochhalten.

Außerhalb der Parkgrenzen zeigt White Springs ein völlig anderes Gesicht. Am Ortseingang erinnert der Kadaver eines Motels an bessere Zeiten. Im kleinen Zentrum versuchen wechselnde Besitzer den 1865 eröffneten Adam's Country Store irgendwie am Leben zu halten. Denn auch das ist Teil der amerikanischen Realität: Wenn etwas nicht mehr funktioniert oder nicht mehr benötigt wird, wird es seinem Schicksal überlassen – sei es ein Geschäft oder auch ein ganzer Ort. Bald darauf setzt unweigerlich der Verfall ein, weil in den USA ohnehin nichts für die Ewigkeit erbaut ist.

Das zeigt sich auch wenige Schritte entfernt am Suwannee River, wo die Relikte der Badeanstalt erstaunlich gut erhalten sind. Eine Schautafel informiert über die White Sulphur Springs, eine schwefelhaltige Quelle, die sich hier lange Zeit in den Fluss ergossen hat und der schon die amerikanischen Indianer eine heilende Wirkung zugesprochen hatten. Weil der Fluss die Quelle immer wieder flutete und die Wasserqualität beeinträchtigte, wurde hier 1908 ein

Touristenort der ersten Stunde

Rundbau mit Balkonen auf vier Etagen errichtet. In der Mitte dieses Kolosseums sind die ziemlich zugeknöpften Badegäste der ersten Stunde zu sehen, die in dem schwefelhaltigen Wasser nach Entspannung suchen.

An gewöhnlichen Tagen lassen sich am Geburtsort des Tourismus in Florida nur noch wenige Gäste blicken. Meist sind es Wassersportler, die im Kanu oder im Kajak an White Springs vorbei paddeln. Vielleicht singt manch einer von ihnen leise: „Way down upon the Suwannee River, far, far away, there's where my heart is turning ever, there's where the old folks stay."

> **INFO**
>
> **Lage:** 110 Kilometer westlich von Jacksonville; Stephen Foster Folk Culture Center State Park: 11016 Lillian Sanders Drive, White Springs, FL 32096, Tel. +1 386 397 4331
>
> **Anfahrt:** über die I-10 bis zur Kreuzung mit US-42, von da aus in Richtung Nordwesten
>
> **Öffnungszeiten:** täglich 8 Uhr bis Sonnenuntergang, bei Veranstaltungen länger
>
> **Eintritt:** 5 USD pro Fahrzeug
>
> **Aktivitäten:** Der State Park ist Ausgangspunkt eines acht Meilen langen Rundweges für Wanderer und Radfahrer.
>
> **Unterkünfte:** Im State Park können Holzhütten für Selbstversorger mit ein oder zwei Schlafzimmern und Küche für 100 USD plus Steuern gemietet werden. Außerdem gibt es einen Campingplatz.
>
> **Hinweis:** Der Suwannee River folgt einem 396 Kilometer langen Weg, ehe er bei Suwannee in den Golf von Mexiko mündet. Seine Quelle befindet sich im Okefenokee National Wildlife Refuge im Nachbarstaat Georgia. Das fantastische Sumpfgebiet ist die Heimat von mehr als 10.000 Alligatoren, deren Lebensraum bei einer Bootstour erkundet werden kann, *fws.gov/refuge/okefenokee*
>
> **Website:** *floridastateparks.org/parks-and-trails/stephen-foster-folk-culture-center-state-park*

Der Nordwesten und der Panhandle

Magisches Wakulla Springs

Der Nordwesten und der Panhandle

24. Wakulla Springs: Gruselfilmkulisse mit gutmütigen Bewohnern
25. Apalachicola: angebliche Austern-Hauptstadt der Welt
26. St. Joseph Peninsula: fragiler Rückzugsort im Golf von Mexiko
27. Panama City Beach: Pappmaché-Monster an der Redneck-Riviera
28. Cedar Key: malerisches Marschland und Wirkungsstätte eines Bleistiftbarons
29. Crystal River: Welthauptstadt der Rundschwanzseekühe

DER NORDWESTEN UND DER PANHANDLE

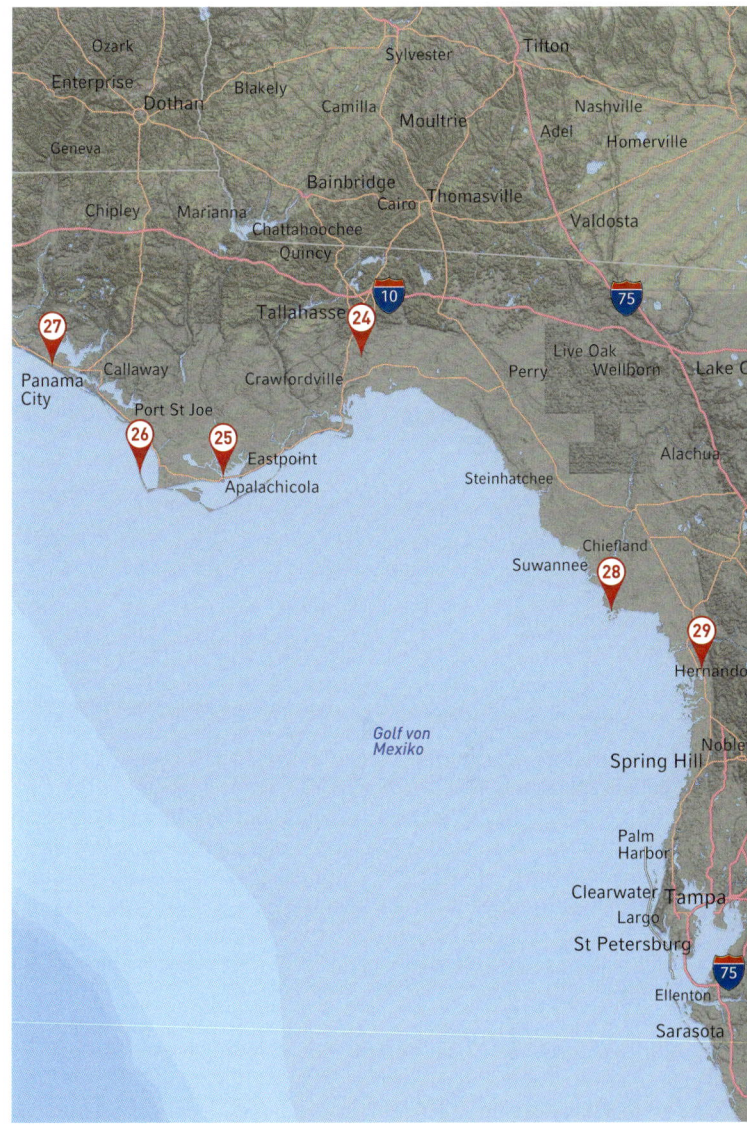

24. Wakulla Springs: Gruselfilmkulisse mit gutmütigen Bewohnern

Der fantastische State Park diente in früheren Jahren als verwunschene Kulisse für Tarzan-Filme und Horrorstreifen. Besucher von heute können sich indes auf Begegnungen mit seltenen Tieren freuen. Umwerfend schön ist das Areal in den frühen Morgenstunden, wenn kaum ein Mensch hier ist.

Verwunschene Vegetation

Der Raureif ist geschmolzen, doch in Wakulla Springs ist es noch immer kalt. Weil der State Park zu den besser gehüteten Geheimnissen Floridas gehört, ist es an einem typischen Januarmorgen im Niemandsland zwischen Golfküste und der Landeshauptstadt Tallahassee menschenleer. Nur Film-Freaks kennen den State Park, der als Kulisse für einige Klassiker diente: Teile von „Tarzan" und des Grusel-Schockers „Der Schrecken vom Amazonas (Creature from the Black Lagoon)" wurden hier im zugewucherten Niemandsland gedreht.

Am Portal grüßt einer der gleichbleibend freundlichen Park Ranger mit dem Versprechen: „Das wird ein guter Tag heute." Wie recht er hat: Es ist windstill und am regungslosen Gewässer ist kein Mensch zu sehen. Im Wasser spiegeln sich Sumpfzypressen, von deren Ästen Spanisches Moos herunterhängt, als wäre es Lametta. Es ist in rauen Mengen vorhanden, als hätten alle Fabriken Nordfloridas den Auftrag, ausschließlich Bromeliengewächse dieser Art zu produzieren.

In der Nähe der wasserreichen Quelle ist eine Art See entstanden, der permanent 21 Grad Celsius warm ist. Ein Teil ist durch Netze vor Alligatoren und anderen Wasserbewohnern geschützt. Dort steht auch ein Sprungturm, der um diese Zeit zur Aussichtsplattform umfunktioniert werden kann, ohne dass dies jemanden kümmern würde. Wer hinaufsteigt, sieht mit etwas Glück aus dem Wasser aufsteigende Luftblasen. Bald rücken zwei Nasenlöcher ins Blickfeld, die zu einem riesigen Körper gehören. Es ist ein Manati! Bald sind es zwei und schließlich drei.

Lauernde Geier

Manatis im kristallklaren Wasser

Unterwegs im Flüsterboot

Die so allseits geliebten Rundschwanzseekühe sind vom Aussterben bedroht, weil Motorbootfahrer in ihrem Lebensraum wüten. Nicht so in Wakulla Springs, wo nur die wenigen Bötchen von Park Rangern navigiert werden. Gerade im Winter wissen die Tiere die gleichbleibende Temperatur zu schätzen, die über der vieler anderer Gewässer in Floridas Norden liegt.

Um kurz vor 10 Uhr wird es voller, denn bald legt das erste Flüsterboot ab. Der Kapitän grüßt in tiefstem Südstaatenkauderwelsch die altertümlichen Bewohner dieses außergewöhnlichen Lebensraums: Alligatoren, die unterhalb einer gedachten Linie von North Carolina bis nach Louisiana das Baden in Süßwasserseen zu einer knifflingen Angelegenheit machen. Eine weitere typische Spezies ist die Schnappschildkröte. Im sumpfigen Zwischenreich lauern stattliche Kanadareiher (Blue Herons) auf Beute. Wenig beeindruckt von den allgegenwärtigen Alligatoren stapfen Weiß-Ibisse durchs Dickicht.

Der Käpt'n doziert über die Gepflogenheiten von Alligatoren. Die Mütter beschützen ihre Jungen, denn Baby-Gators haben es nicht leicht in ihren ersten Jahren. Aber wenn sie erst mal groß genug sind, müssen sich die Tiere auch vor den eigenen Müttern in Acht nehmen. Wenn gerade nichts anderes greifbar ist, fressen sie wahrhaftig ihren Nachwuchs. „Welcome to the foodchain", räsoniert der Kapitän. Nur Vögel aller Art sind einigermaßen sicher vor den Reptilien. Ihr Magen ist auf die Verdauung von Federn nicht ausgelegt.

Schildkrötenparade

Gegen Ende der Tour tauchen wieder Luftblasen aus dem Wasser auf: Die Manatis machen sich am vorgerückten Vormittag in Richtung Küste auf, wo das Wasser nun wärmer ist. Dort begeben sich die Vegetarier auf Nahrungssuche. Wer sie sehen möchte im Winter, sollte also früh kommen. Am besten vor der ersten Bootstour.

> **INFO**
>
> **Lage:** 290 Kilometer westlich von Jacksonville; Edward Ball Wakulla Springs State Park: 465 Wakulla Park Drive, Wakulla Springs, FL 32327, Tel. +1 850 561 7276
>
> **Anfahrt:** I-10 in Richtung Westen bis zur Ausfahrt 209A, über US-319 und Fl-61 nach Süden bis Wakulla Springs
>
> **Öffnungszeiten:** täglich von 8 Uhr bis Sonnenuntergang
>
> **Eintritt:** 6 USD pro Fahrzeug
>
> **Aktivitäten:** Die etwa einstündige Bootstour kostet für Erwachsene 8 USD, für Kinder 5 USD und ist jeden Cent wert. Im Sommer kann der Betrieb beträchtlich sein, dann ist Hochsaison in Floridas Panhandle, und es springen so viele Menschen vom Sprungturm ins Wasser, dass sich weder Manatis noch Alligatoren in die Gegend trauen. Wenn das Wasser besonders klar ist, kommen um 12, 13 und 14 Uhr zur vollen Stunde die alten Glasbodenboote zum Einsatz. Die erste Tour beginnt um 9:40 Uhr. Reservierung unter Tel.+1 850 561 7286, *floridastateparks.org/parks-and-trails/edward-ball-wakulla-springs-state-park/historic-boat-tours*
>
> **Unterkunft:**
> - Wakulla Springs Lodge: Die entzückende Unterkunft ist einzige ihrer Art in den 171 State Parks Floridas. Die Zimmer kommen ohne Fernseher aus. Doch keine Panik: Das Wifi ist gut; Tel. +1 855 632 4559, *thelodgeatwakullasprings.com*
>
> **Website:** *floridastateparks.org/parks-and-trails/edward-ball-wakulla-springs-state-park*

25. Apalachicola: angebliche Austern-Hauptstadt der Welt

Der kleine Ort Apalachicola liegt gut geschützt an einem Küstenabschnitt, der durch seine geografische Lage kaum beachtet wird. Die Region allerdings eignet sich vorzüglich zur Zucht von Schalentieren. Anlass genug für das Städtchen, sich mit viel amerikanischem Selbstbewusstsein einen Ehrentitel zu verleihen. Unabhängig vom Wahrheitsgehalt der Aussage ist die Delikatesse von überzeugender Qualität. Sie kommt direkt vom Wasser auf den Teller.

Retro Rules: Carabelle

Von der Space Coast bei Cocoa Beach bis zur Historic Coast rund um St. Augustine haben sich Marketingexperten für jeden Küstenabschnitt Floridas einen mehr oder weniger passenden Namen ausgedacht. Dort wo der Panhandle am weitesten in den Golf von Mexiko hineinragt, musste man vielleicht am wenigsten über einen solchen Claim nachdenken, denn die Hektik der Zivilisation – und der Rest der Landes – scheinen sehr weit weg in Apalachicola. Folgerichtig ist die Region auch als „Forgotten Coast" bekannt.

Das Gefühl der Abgeschiedenheit ist auch auf den Apalachicola National Forest zurückzuführen. Mit seiner Größe von über 2300 Quadratkilometern ist der Wald fast so groß wie das Saarland – und weil er nicht mit dem Etikett eines Nationalparks ausgewiesen ist, interessiert sich kaum jemand für ihn. So wirkt das ursprüngliche Naturschutzgebiet wie ein Schutzwall für den südlich gelegenen Küstenstreifen, der nur spärlich besiedelt ist.

Carabelle oder Eastpoint gehören mit 2000 bis 3000 Einwohnern zu den größten Orten der vergessenen Küste. Wer aus Richtung Tallahassee anreist, gelangt über den sogenannten Big Bend Scenic Byway hierhin. Die herrlich verträumte Küstenstraße ist so unbedeutend, dass sich nicht einmal die sonst allgegenwärtigen Restaurantketten hier eingerichtet haben.

Frischer als hier geht's nicht.

Wer Hunger hat, kann stattdessen an kleinen Fischrestaurants anhalten. Lynn's Quality Oysters ist so eine Bretterbude, deren Terrasse direkt am Wasser und somit in unmittelbarer Nähe zum Lebensraum der Schalentiere liegt. Die Einheimischen sprechen einen auch für Hartgesottene kaum verständlichen Südstaaten-

Slang. Ihren Humor drücken sie mit einem Schild aus, auf dem die Worte „Free Beer and Oysters tomorrow" prangen. Die Delikatesse verspeisen sie in rauen Mengen – wahlweise pur mit Zitrone, mit Tomatensauce, mit Jalapeños oder auch überbacken.

Tägliches Versprechen

Obwohl auch Apalachicola nicht größer als die anderen Orte ist, gebührt dem Städtchen doch der Titel der unumstrittenen Kapitale der vergessenen Küste. Hier mündet der gleichnamige Fluss in die gleichnamige Bucht, die wiederum durch eine Reihe von Barriere-Inseln vor den Launen des Golfs von Mexiko geschützt ist. Dank dieser günstigen Konstellation sind auch hier allerorten Schalentiere zu haben. So viele gar, dass Apalachicola sich selbstbewusst als Austernhauptstadt der Welt bezeichnet. Die Aussage dürfte nicht überall unumstritten sein, doch insbesondere die Uferpromenade des Apalachicola River verleiht ihr mit einigen Restaurants etwas Nachdruck.

Auch andere Meeresbewohner gedeihen hier prächtig. Jerry Garlick etwa hat lange als Postbote gearbeitet, ehe er seine Leidenschaft zum Beruf gemacht hat. Seitdem taucht er regelmäßig, um Schwämme vom Meeresboden aufzulesen. Ursprünglich

Austern gehen auch gratiniert.

waren es vor langen Jahren Türken und Griechen, die diesen Beruf in Florida eingeführt haben. Garlick hat sich von ihnen dazu inspirieren lassen, mit der Apalachicola Sponge Company seine eigene Existenz aufzubauen. So hat er eine vergessene Tätigkeit in einer vergessenen Region zum Leben wiedererweckt.

INFO

Lage: Floridas Forgotten Coast liegt etwa 400 Kilometer westlich von Jacksonville.

Anfahrt: über I-10 nach Westen bis zur Ausfahrt 225, über US-19, US-27 und US-59 nach Süden, über US-98 in Richtung Südwesten bis Apalachicola

Öffnungszeiten: täglich von 8 Uhr bis Sonnenuntergang

Eintritt: 6 USD pro Fahrzeug

Aktivitäten: Apalachicola National Forest, das Naturschutzgebiet ist ein ideales Terrain für Abenteurer, die in den wasserreichen und von Bären bewohnten Gebiet Rad fahren, wandern, Kajak fahren und zelten können; fs.usda.gov/apalachicola

Restaurant:
- Lynn's Quality Oysters: Montag bis Samstag 10 bis 21 Uhr. Zum Restaurant gehört ein gut sortiertes Fischgeschäft, das auch sonntags von 10 bis 18 Uhr geöffnet ist; 402 Highway 98, Eastpoint, FL 32328, Tel. +1 850 670 8796, *lynnsqualityoysters.com*

Unterkunft:
- Gibson Inn: hübsche Unterkunft mit Südstaatenoptik; 51 Avenue C, Apalachicola, FL 32320, Tel. +1 850 270 2190, *gibsoninn.com*

Einkaufen:
- Apalachicola Sponge Company: Montag bis Samstag 10 bis 18 Uhr; über den Online-Shop können auch Kunden in Europa die Schwämme bestellen; 14 Avenue D Apalachicola, FL 32320, Tel. +1 850 653 3550, *apalachspongecompany.com*

Website: *floridasforgottencoast.com*

26. St. Joseph Peninsula: fragiler Rückzugsort im Golf von Mexiko

Der Panhandle ist mit wunderbaren Inseln und Halbinsel gesegnet. Die meisten von ihnen sind trotz ihrer paradiesischen Anmutung gar nicht oder eher spärlich besiedelt. Das hat seine Gründe, denn die sandigen Landstreifen sind ebenso flach wie schmal. Bei einem Hurrikan sind sie somit den Fluten ziemlich schutzlos ausgeliefert. Ein Problem, das weite Teile von Florida betrifft.

Leuchtturm auf St. Joseph Peninsula

Große Abschnitte der Küste Floridas werden von Barriere-Inseln begleitet. Abgesehen von den Koralleninseln der Keys aber sind die Eilande nirgendwo so weit von Festland entfernt wie im Süden des Panhandle. Einige wie Cape St. George Island stehen unter Naturschutz. Andere wie St. Vincent Island oder Dog Island sind auch ohne dieses Prädikat nahezu unbewohnt. Doch selbst dort wo Brücken hinführen, ist der Andrang übersichtlich.

Bestes Beispiel ist St. George Island, das seit 2004 über eine knapp sechs Kilometer lange Brücke mit dem Festland verbunden ist. Das wäre in den meisten Regionen gleichbedeutend mit dem Ende jedweder Abgeschiedenheit, doch die Forgotten Coast konnte diesen

Eingriff bisher verkraften. Auf der lang gestreckten Insel ist es nur in den Schulferien voll. Ansonsten sind die weitläufigen Strände auch heute kaum frequentiert. Viele Häuser stehen hier auf zwei bis drei Meter hohen Stelzen – und das hat seine Gründe. Vielleicht ist es denn auch dieser Anblick, der die Menschen davon abhält, hier in größeren Mengen einzufallen.

Ganz ähnlich sieht es auch dort aus, wo die Küstenlinie des Panhandle schon wieder einen nordwestlichen Kurs einschlägt. Hier spreizt sich eine besonders zierliche Halbinsel so weit vom Festland ab, als wolle sie sich unbedingt loslösen. An

Im Panhandle baut man auf Stelzen.

einer Stelle ist sie kaum breiter als der einzige Highway. Die Straße führt mal vorbei an azurblauem Wasser und hellweißen Stränden, dann wieder durch Pinienwälder. Auch hier auf der St. Joseph Peninsula sind die meisten Häuser auf Stelzen aufgebockt.

Die Eindrücke wiederholen sich auf einer Strecke von knapp 20 Kilometern, bis die Landzunge abermals kaum 50 Meter breit ist. Hier ist das fragile Gebilde im Oktober 2018 gebrochen, als Hurrikan Michael mit großer Geschwindigkeit über die Region hinweggefegt ist. Die aufgewühlten Wassermassen haben die Küstenstraße unterspült und eine Schneise in das feinsandige Paradies geschlagen. Kurzfristig wurde das

Premiumplatz

Nordende der St. Joseph Peninsula wieder eine Insel. Damit war der größte Teil des T. H. Stone Memorial State Park vom Festland abgeschnitten.

Solche dramatischen Situationen gehören in Florida zum Alltag: Der Sunshine State liegt trotz seiner rasanten Entwicklung mitten im Einzugsbereich tropischer Wirbelstürme, deren Anzahl in der jüngeren Vergangenheit zugenommen hat. Experten machen den Klimawandel dafür verantwortlich. Die Bedrohung durch Hurrikane und Überflutungen wird von vielen Versicherungen inzwischen als derart hoch eingeschätzt, dass es für die Bewohner immer schwieriger wird, Policen für Boote und Häuser abzuschließen. Womit wir wieder bei den auf Stelzen stehen Domizilen wären.

Auf St. Joseph Peninsula und den umliegenden Eilanden mussten umfangreiche Wiederinstandsetzungsmaßnahmen eingeleitet wer-

Unberührte Natur im State Park

den. Auch Mutter Natur leistete hilfreiche Dienste, denn Ende 2019 war Michael's Cut, wie der Durchbruch in Anlehnung an seinen Verursacher genannt wurde, wieder geschlossen. Auch die meisten Strände wurden wieder hergerichtet. Bis sich die haushohen Dünen erholt haben, werden hingegen Jahre vergehen.

> **INFO**
>
> **Lage:** 100 Kilometer südöstlich von Panama City Beach; T.H. Stone Memorial St. Joseph Peninsula State Park: 8899 Cape San Blas Road, Port St. Joe, FL 32456, Tel. +1 850 227 1327
>
> **Anfahrt:** über US-98 nach Südosten bis zur Abzweigung mit Fl-30E
>
> **Öffnungszeiten:** täglich von 8 Uhr bis Sonnenuntergang
>
> **Eintritt:** 6 USD pro Fahrzeug
>
> **Restaurant:**
> - Loggerhead Stop Eatery: Food Trailer, Montag bis Freitag 8 bis 16 Uhr: 911 Cape San Blas Road, Port St. Joe, FL 32456, Tel. +1 850 899 3000, *loggerheadstopeatery.com*
>
> **Unterkünfte:**
> - Cape San Blas Inn: 4950 Cape San Blas Road, Port St. Joe, FL 32456, Tel. +1 850 229 7070, *capesanblasinn.com*
> - Im State Park gibt es einen Zeltplatz mit acht Cottages.
>
> **Hinweis:** St. Joseph Peninsula ist ein traumhaftes Revier für einen Strandurlaub der etwas anderen Art. Durch die Gefahr eines Hurrikans sollte man sich nicht abschrecken lassen. Theoretisch können diese zwischen Anfang Juni und Ende November auftreten, wobei die Wahrscheinlichkeit im August und September am größten ist. Statistisch gesehen jedoch richtet nur alle sieben Jahre ein Hurrikan größere Schäden auf dem Festland an.
>
> **Website:**
> - *floridastateparks.org/parks-and-trails/th-stone-memorial-st-joseph-peninsula-state-park*
> - *visitgulf.com*

27. Panama City Beach: Pappmaché-Monster an der Redneck-Riviera

Im größten Ferienort des Panhandle treffen Welten aufeinander. Die Architektur und die typisch amerikanischen Entertainmentmöglichkeiten mögen zunächst befremdlich anmuten. Doch wer sich darauf einlässt, kann zwischen dem türkisblauen Wasser des Golfs von Mexiko und allerlei kuriosen Attraktionen gehörigen Spaß haben.

Pastellfarbene Einkaufslandschaft

Panama City Beach ist die Hauptstadt der Redneck-Riviera. So wird der Nordwesten Floridas im Volksmund genannt, weil viele konservative und streng gläubige weiße Amerikaner aus Alabama, Mississippi oder Georgia hier ihren Urlaub verbringen. Im März und April sieht die Lage komplett anders aus. Immer dann fallen massenweise Studenten aus dem Norden ein, um ihre Frühlingsferien hier zu verbringen. In den 1990er-Jahren hat der Fernsehsender MTV die von Trinkfreudigkeit geprägten Spring Break Partys übertragen, was „PCB" internationale Bekanntheit verschafft hat.

Sobald die Dämmerung einsetzt, gehört es bis heute zum Standardprogramm vieler Besucher, einfach über den Strandboulevard zu cruisen. Um eigene optische Akzente zu setzen, montieren einige Pkw-Besitzer zu diesem Zwecke vorzugsweise lilafarbene Neonleuchten unter ihren Wagen, aus den Lautsprechern wummern dazu die Hits von Dr. Dre oder Ice Cube.

Die Uferstraße ist gut 20 Kilometer lang – entsprechend viel gibt es unterwegs zu sehen. Vor allem die Landseite ist Schauplatz einer Parade mehr oder weniger seltsamer Attraktionen. Zwischen Fahrgeschäften, die normalerweise besser auf einem Jahrmarkt aufgehoben wären, machen Minigolfplätze auf sich aufmerksam, die von überdimensionalen Pappmaché-Monstern bewacht werden. Weiter geht es mit einem klassizistischen Palast, der einfach auf dem Kopf steht. Auch stilisierte Dinosaurier oder eine Sphinx dürfen nicht fehlen. Nach all dem löst nicht einmal der Nachbau der Titanic Verwunderung aus.

Es gibt nichts, was es nicht gibt.

PCB stellt die Welt auf den Kopf.

Das Stadtbild komplettieren allerlei Fast-Food-Restaurants, die sich gegenseitig mit kalorienreichen Sonderangeboten unterbieten, und natürlich endlos viele Geschäfte mit einem gigantischen Angebot an Shorts, T-Shirts und anderweitigem Strandbedarf. Auf der anderen Seite der Straße sind der strahlend weiße Strand und der azurblaue Golf von Mexiko zu sehen – wenn man nicht gerade das Unglück hat, sich im Schatten der Betonburgen zu bewegen, die hier wie selbstverständlich stehen. Die schmucklosen Hochhäuser erfüllen alle Kriterien einer Bausünde, das ja, aber wer in einem der Appartements nächtigt, wird schnell milde gestimmt, denn wo sonst kommt man als Bewohner in den Genuss eines solch unverstellten Blicks auf das Meer und derart hinreißender Sonnenuntergänge? Vor allem im Winter sind solche Wohnungen sehr günstig zu haben – und die meist sonnigen Tage können mit Tagestemperaturen von 18 bis 20 Grad und Tiefstwerten um den Gefrierpunkt atemberaubend schön sein.

Pappmaché-Monster

Urlaubstage ziehen unter diesen Bedingungen merkwürdig schnell vorbei, wobei es an weiteren Freizeitmöglichkeiten nicht mangelt. Naheliegend ist der Pier, der mittlerweile um den Pier Park ergänzt wurde, ein schickes Einkaufszentrum unter freiem Himmel. Ganz im Westen von PCB stehen am Carillon Beach pastellfarbene Traumhäuser auf den Dünen, die Erinnerungen an den Film „Pleasantville" hervorrufen. Grandios sind außerdem die State Parks, die direkt ans Stadtgebiet angrenzen. Ein schwer zu übertreffendes Highlight ist ein Trip nach Shell Island. Die unbewohnte Halbinsel ist ausschließlich auf dem Wasserweg über die St. Andrews Bay zu erreichen – ein herrliches Revier für eine Wanderung.

Neubauten in Carillon Beach

INFO

Lage: 450 Kilometer westlich von Jacksonville

Anfahrt: über I-10 nach Westen bis zur Ausfahrt 174, über Fl-12, Fl-20, US-231 und US-98 bis Panama City Beach; wer ein Gefühl für die Südstaaten bekommen möchte, kann auch nach Atlanta fliegen und von dort aus die 450 Kilometer mit dem Mietwagen herunterfahren.

Aktivitäten: Ausflug nach Shell Island: Shuttle ab Adventure at Sea; März bis Oktober 9 bis 16 Uhr alle 30 Minuten, Erwachsene 22 USD, Kinder 15 USD; 5709 North Lagoon Drive, shellislandshuttle.com

Einkaufen:
- Pier Park: 120 Geschäfte unter freiem Himmel; Montag bis Samstag 10 bis 20 Uhr, Sonntag 12 bis 18 Uhr; 600 Pier Park Drive; *simon.com/mall/pier-park*

Unterkünfte:
- Andy's Flour Power Café & Bakery: Hier gibt es das beste Frühstück; 7 bis 14 Uhr, Sonntag ab 8 Uhr; 3123 Thomas Drive, Panama City Beach, FL 32408, Tel. +1 850 230 0014, *andysflourpower.com*
- The Craft Bar: Gastropub mit behaglichem Ambiente und guter Bierauswahl; Montag bis Donnerstag 11 bis 23 Uhr, Freitag und Samstag bis 0 Uhr, Sonntag bis 22 Uhr; 15600 Panama City Beach Parkway, Tel. +1 850 588 7309, *thecraftbarfl.com*
- Dusty's Oyster Bar & Eatery: Liebling der Locals, serienweise werden die frischen Austern hinter dem Tresen geknackt, dazu lauter Südstaatenrock und derbe Sprüche; 11 bis 23 Uhr; 16450 Front Beach Road, Panama City Beach, FL 32413, Tel. +1 850 233 0035

Unterkunft:
- Tidewater Beach Resort: Strandappartements auf amerikanisch; 16819 Front Beach Road, *wyndhamvacationrentals.com*

Website: *visitpanamacitybeach.com*

28. Cedar Key: malerisches Marschland und Wirkungsstätte eines Bleistiftbarons

Eine der letzten verschlafenen Inseln Floridas versteckt sich in der Mitte der Golfküste. Die namensgebenden Bäume haben einst die Aufmerksamkeit eines deutschen Industriellen erregt. Heute zieht es vor allem Individualisten hierhin, die das Marschland erkunden, Meeresfrüchte mögen und die ohne die kommerziellen Attraktionen der Tourismusindustrie auskommen.

Einsam im Bötchen eine Runde drehen

Wer sich nach Einsamkeit oder Ursprünglichkeit sehnt, ist im Westen Floridas zwischen Tampa und Tallahassee ganz gut aufgehoben. Die Orte Homosassa und Crystal River wissen durch die häufige Anwesenheit von Manatis viele Touristen anzuziehen. Ansonsten aber dominieren hier Sümpfe und Wälder, in deren Umgebung kaum ein Mensch sein Dasein fristet.

Eine Ausnahme bildet Cedar Key. Die Insel ist über einen Damm mit dem Festland verbunden. Wie der Name bereits andeutet, ist sie eng mit Bäumen verknüpft, aber es existiert auch ein Band zu Deutschland. 1868 nämlich hat ein gewisser Eberhard Faber auf der Nachbarinsel Atsena Otie ein Sägewerk zur Herstellung von Bleistiften eröffnet. Diese wurden aus dem Holz eines Baumes gewonnen, der in den USA als Red Cedar bekannt ist und der in Deutschland nicht zufällig auch als Bleistiftzeder bezeichnet wird.

Herrliches verschlafenes Cedar Key

Die Bezeichnung allerdings ist irreführend, denn im biologischen Sinne handelt es sich nicht um eine Zeder, sondern um die größte Subspezies des Wacholders. Die auf den Inseln im Marschland gewachsenen Bestände genügten zur Herstellung Hunderttausender Bleistifte. Als jedoch 1896 ein Hurrikan über die Insel hinwegfegte, wurden das Sägewerk und fast alle Wohnhäuser zerstört. Niemand zog einen Wiederaufbau in Erwägung. So hat das näher am Festland gelegene Cedar Key die Rolle als bewohntes Eiland übernommen.

Im öffentlichen Bewusstsein geriet die Insel mit ihren nur 700 Einwohnern zunehmend in Vergessenheit, was Hippies und andere Lebenskünstler dazu nutzten, um sich hier einzurichten. Erst Mitte der 1990er-Jahre bekam Cedar Key dank der Subventionierung von Muschelzuchten einen neuen Anschub, der durch die allgemeine Zunahme der Reisefreude verstärkt wurde.

Heute ist Cedar Key ein charmanter Ort, der ein bisschen aus der Zeit gefallen scheint. Das bonbonfarbene Florida der Themenparks und Outlet Malls ist ganz weit weg. Zwar kommt es an Wochenenden vor, dass Busladungen voller Studenten aus Gainesville einfallen, um ein wenig Meeresluft zu schnuppern. Ansonsten aber ist die Insel eher Individualisten vorbehalten, die einen Roadtrip durch Florida machen. Publikumsmagnet ist die Dock Street am

Hafen, wo sich einige recht bunte Fischrestaurants mit Barbetrieb angesiedelt haben. Auf dem örtlichen Pier versuchen Sportangler ihr Glück, die umfangreichere Gesellschaft vor allem anlässlich des Sonnenuntergangs erhalten.

In gut einem Kilometer Entfernung umweht die Nachbarinsel Atsena Otie derweil ein Hauch von Abenteuer. Wer mag, kann sich von Tide Water Tours mit einem Boot auf dem Eiland absetzen lassen. Unterwegs werden die Boote zuweilen von Delfinen begleitet.

Dreh- und Angelpunkt: das Island Hotel

Auch Meeresschildkröten, Manatis und Adlerrochen fühlen sich in den Gewässern wohl. Die Insel selbst ist heute ein Naturschutzgebiet, doch die Spuren der Zivilisation sind immer noch vorhanden. Dazu gehört auch das einstige Sägewerk von Eberhard Faber.

Wer die einmalig intime Atmosphäre von Cedar Key erleben möchte, kommt am Island Hotel nicht vorbei. Wenn sich in Jung und Alt treffen, dauert es meist nicht lange, bis jemand zum Piano schreitet, um in die Tasten zu hauen. Das Traditionshaus stammt noch aus der Zeit des Bleistiftbarons.

> ### INFO
> **Lage:** 215 Kilometer nordwestlich von Tampa, 210 Kilometer südwestlich von Jacksonville; Cedar Key gehört zum Levy County, das sich als Nature Coast vermarktet.
>
> **Anfahrt:** aus Richtung Tampa über Fl-589 und US-98 bis Otter Creek, dort links auf Fl-24 bis Cedar Key
>
> **Aktivitäten:**
> - Tide Water Tours: Das kleine Unternehmen hat verschiedene Ausflüge im Angebot. Die Tour nach Atsena Otie wird mehrmals im Rahmen von Rundfahrten durch die Inselwelt angeboten und kostet 16 USD. Ebenfalls buchbar sind eine Island Tour (zwei Stunden, 29 USD) und eine Fahrt zur Mündung des Suwannee River (drei bis vier Stunden, 53 USD); 302 Dock Street, Cedar Key, FL 32625, Tel. +1 352 543 9523, *tidewatertours.com*
>
> **Restaurant:**
> - Tony's Seafood: eine Institution auf der Insel, Produkte auch zum Mitnehmen; 597 2nd Street, Cedar Key, FL 32625, Tel. +1 352 543 9143, *tonyschowder.com*
>
> **Unterkunft:**
> - Island Hotel: 373 2nd Street, Cedar Key, FL 32625, Tel. +1 352 543 5111, *islandhotel-cedarkey.com*
>
> **Websites:**
> - *visitnaturecoast.com*
> - *naturalnorthflorida.com*

29. Crystal River: Welthauptstadt der Rundschwanzseekühe

Dank einzigartiger Lebensumstände ist das kleine Dorf der favorisierte Aufenthaltsort vieler Manatis. Die Tiere gelten als stark gefährdet: Bei einer Zählung im Jahr 2015 wurde die Population in Florida auf knapp über 6000 bemessen. Crystal River ist der einzige Ort in den Vereinigten Staaten, wo Touristen legal mit den beliebten Riesen schwimmen dürfen.

Nur Boote ohne Schiffsschrauben sind im Einsatz.

In Crystal River dreht sich alles um Wasser. Der Ort mit seinen 3000 Einwohnern liegt zwar nicht direkt am Meer, dafür aber ist er über einen nur elf Kilometer langen Fluss direkt mit dem Golf von Mexiko verbunden. Der Fluss trägt den gleichen Namen wie das Dorf und er macht diesem alle Ehre, denn sein Wasser könnte nicht kristallklarer sein. Das liegt an einer einmaligen geologischen Konstellation: Der Ort Crystal River ist von rund 70 ergiebigen Quellen umgeben, deren gewaltige Menge an Flüssigkeit sich zunächst in die King's Bay ergießt. Von hier aus suchen sich täglich weit mehr als Million Liter Wasser ihren Weg in den Golf.

Das Wasser kommt also frisch und unverfälscht aus dem Erdreich. Doch das ist nicht seine einzige Qualität, denn es ist bei einer Temperatur von 22 Grad Celsius gleichbleibend warm. Kurzum: Es handelt sich um Umstände, die Badevergnügen versprechen. Nicht nur für Menschen, sondern auch für Manatis. Sobald sich das Meer in den kühleren Wintermonaten auf Werte unter 19 Grad abkühlt, suchen die Rundschwanzseekühe vielerorts in Floridas Binnengewässern Zuflucht, da sie sonst erheblichen Kältestress empfinden. Nirgendwo aber finden sie derart perfekte Umstände vor wie hier.

Sichtung (fast) garantiert

Zwischen November und März tummeln sich nach Angaben des örtlichen Tourismusbüros zuweilen bis zu 800 Manatis in den Gewässern um Crystal River. Die Tiere, die bei einer Körperlänge von 2,5 bis 4,5 Metern rund 500 Kilogramm schwer werden, erfreuen sich bei allen Altersgruppen nachvollziehbarer Beliebtheit, da sie

Gutmütiger Manati-Blick

friedliche Vegetarier sind und noch dazu einen ausgesprochen gutmütigen Gesichtsausdruck besitzen. Allerdings sind sie stark vom Aussterben bedroht, weil sie bei ihren weiten Wanderungen immer nahe an der Wasseroberfläche unterwegs sind, wo sie mit den Schiffsschrauben rücksichtsloser Bootpiloten in Berührung kommen und sich schwere Verletzungen zuziehen. Auch steigende Nitratwerte in Floridas Gewässern machen ihnen zu schaffen.

Diese Gefahren drohen den Tieren auf dem Crystal River und in der King's Bay kaum, weshalb die Region als ihr wichtigster Lebensraum in den USA gilt. Geschätzte 15 bis 20 Prozent der Gesamtbestände verbringen hier einen Teil ihrer Zeit. Zugleich ist Crystal River der einzige Ort in den Vereinigten Staaten, wo Touristen den Manatis im Wasser Gesellschaft leisten dürfen. Um nicht für Irritationen zu sorgen, werden sie vorab über Verhaltensregeln informiert.

Technisch gesehen gehört auch das etwa zehn Kilometer entfernte Homosassa Springs zu Crystal Springs. Hier sind die Bedingungen nahezu identisch. In der gesamten Region ermöglichen rund drei Dutzend Anbieter auf unterschiedliche Weise die Erkundung des einmaligen Biotops. Geführte Schnorcheltouren und Tauchgänge

Bis zu 800 Manatis tummeln sich vor Ort.

gehören ebenso dazu wie Bootsausflüge und Expeditionen auf dem Stand-up-Paddle. Auch Kajaktouren sind möglich. Wer es ganz einfach halten möchte, besucht den Hunter Spring Park, eine Art städtischer Badeanstalt in natürlichen Gewässern. Neben einem kleinen Strand gibt es hier auch Stege, die mit einiger Sicherheit die Sichtung von Manatis ermöglichen.

INFO

Lage: 125 Kilometer nördlich vom Tampa, 135 Kilometer nordwestlich von Orlando

Anfahrt: Aus Richtung Tampa über Fl-589 und US-98 bis Crystal River

Aktivitäten:
- Die Freizeitmöglichkeiten in Crystal River sind sehr vielseitig. Auf der Website sind alle touristischen Angebote gebündelt aufgeführt. Viele besonders attraktive Gebiete kosten Eintritt. Dazu gehören neben dem Hunter Springs Park (nur Parkgebühren) die Three Sisters Springs (*threesistersspringsvisitor.org*) und der Crystal River Preserve State Park (*floridastateparks.org*).
- Die Schnorcheltouren finden in kleinen Gruppen von sechs bis acht Personen statt und kosten etwa 65 USD, inbegriffen ist neben dem Boottransfer auch die Ausrüstung.

Restaurant:
- Dan's Clam Stand: frische Meeresfrüchte und gute Fischsandwichs, ein wenig außerhalb; Dienstag bis Samstag 11 bis 21 Uhr; 2315 N Sunshine Path, Crystal River, FL 34428, Tel. +1 352 795 9081

Unterkunft:
- Plantation Inn: etwas altmodischer Südstaatencharme in der Nähe zu allen Wasseraktivitäten; 9301 W Fort Island Trail, Crystal River, FL 34429, Tel. +1 352 795 4211, *plantationoncrystalriver.com*

Website: *discovercrystalriverfl.com*

Die Westküste

Oldtimer vor dem Don Cesar Hotel in St. Petersburg

Die Westküste

30. Riverwalk in Tampa: Wiederentdeckung des Fußgängers
31. Ybor City: Rückkehr der Zigarrendreher
32. Pinellas Trail: mit Muskelkraft durch den Sunshine State
33. Clearwater Marine Aquarium: Hollywoodkarriere einer verletzten Delfindame
34. Chihuly Collection: schwelgerische Skulpturen aus Glas
35. The Ringling: sagenhaftes Imperium eines Zirkusdirektors
36. Myakka River State Park: Schaulaufen der Schlangenhalsvögel und Silberreiher
37. „Shelling" auf Sanibel: mit gesenktem Haupt zum Glück
38. Cabbage Key: Paradies für Cheeseburger und Anekdoten
39. Matlacha Island: Künstlerkolonie mit Widersprüchen
40. Fort Myers: von Edisons Erfinderstube zu Fords Garage
41. Die Fifth Avenue in Naples: Millionäre auf dem Präsentierteller
42. Ten Thousand Islands: per Flüsterboot zu den Pelikanen

Die Westküste

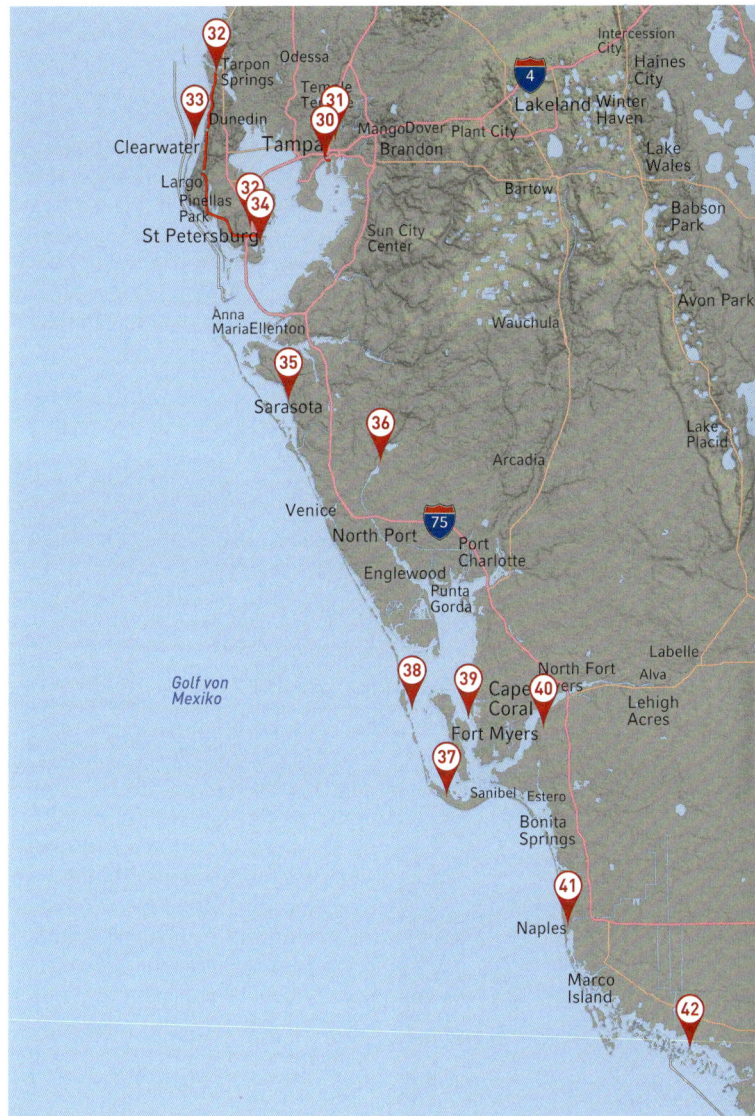

30. Riverwalk in Tampa: Wiederentdeckung des Fussgängers

Touristen haben lange Zeit kaum einen Grund gesehen, Tampa in ihre Reiseplanung mit aufzunehmen. Dank eines gelungenen städtebaulichen Projektes hat sich das gründlich gewandelt. Seit der 2016 vorläufig fertiggestellte Riverwalk viele Attraktionen miteinander verbindet, kann die mit 400.000 Einwohnern drittgrößte Stadt Floridas immer mehr mit Miami oder Orlando konkurrieren.

Auch für Radfahrer: der River Walk

Trolley vor Theater

Die autogerechte Stadt hat sich in den USA keineswegs erledigt. Doch mittlerweile hat auch der letzte Planer verstanden, dass niemand sein Leben an einem Ort ohne Fußgängerzonen, Uferpromenaden und vergleichbaren Errungenschaften verbringen möchte. In vielen amerikanischen Innenstädten wurde sogar die bereits tot geglaubte Straßenbahn wiederbelebt, die meist auf einem überschaubaren Streckennetz unterwegs ist, wo alte oder auf alt getrimmte Waggons eher ein bisschen trotzig wirken, als eine echte Alternative zu sein. Im Unterschied zu der modernen und deutlich leistungsstärkeren Light Rail werden diese Verkehrsmittel als Trolley Cars bezeichnet.

Wasserräder am River Walk

In Tampa pendeln die altmodischen Bahnen zur Freude von Touristen zwischen der Innenstadt und dem Ausgehviertel Ybor City hin und her. Doch das ist nicht die einzige Aufwertung der Innenstadt. Viel bedeutender ist der Riverwalk, der sich vom Garrison Channel am Hafen seinen Weg den Hillsborough River hinauf bahnt. Dabei verbindet er auf etwas mehr als vier Kilometern Länge viele Attraktionen so, dass Fußgänger oder Radfahrer nicht mit dem Autoverkehr in Berührung kommen.

Der Uferweg beginnt ein wenig östlich von Downtown am gut gemachten Florida Aquarium. Hinter dem Kreuzfahrtterminal folgen das etwas in die Jahre gekommen Einkaufszentrum Channelside Bay Plaza und das Tampa Bay History Center, das unter anderem auf die von kubanischen Einwanderern mitgebrachte Tradition der Zigarrenherstellung eingeht. Dahinter verwöhnt in der Amelia Arena das NHL-Team Tampa Bay Lightning sein Publikum mit verlässlich erfolgreichem Eishockey.

Nun schlägt der Riverwalk einen Bogen, um in nördliche Richtung weiterführen. Hier warten mit dem Florida Museum of Photographic Art, dem Glazer's Children Museum und einem Theater (Patel Conservatory) drei Kultureinrichtungen. Die Dichte der Attraktionen nimmt hier deutlich ab, ehe der Weg mit dem Water Works Park und dem Restaurant Ulele sein vorläufiges Ende findet. Das Lokal ist gleich in mehrerer Hinsicht interessant: Es befindet sich in

Museen am River Walk

einem ehemaligen Wasserwerk, kombiniert moderne Rezepte Floridas mit den Traditionen der Native Americans – und es besitzt eine vorzügliche Mikrobrauerei, deren Braumeister in Deutschland gelernt hat. Wer mag, kann seinen Durst auch auf einer Terrasse löschen.

Das innerstädtische Aufwertungsprogramm ist so beliebt, dass es von morgens bis abends mit Aktivitäten angereichert wird: Während am frühen Vormittag Jogger in den Sonnenaufgang laufen, trainieren Yoga-Klassen in den Parks ihre motorischen Fähigkeiten. Tagsüber verdingen sich Stand-up-Paddler auf

Wiederentdeckung des Fußweges

den Wasserstraßen. Am Abend ist der Curtis Hixon Park für kostenlose Konzerte reserviert – und nicht zuletzt finden zu ausgesuchten Terminen Food-Festivals und andere gesellige Events statt. Anders als an den meisten anderen öffentlichen Orten im „Land of the free" darf das Publikum auf dem Riverwalk sogar alkoholische Getränke konsumieren. Diese allerdings müssen bei einem der acht konzessionierten Lokale gekauft und in Plastikbehälter umgefüllt werden.

> **INFO**
>
> **Lage:** Der Riverwalk umschließt die Innenstadt von Tampa Bay auf einer Strecke von 4,2 Kilometern.
>
> **Anfahrt:** Die Lufthansa würdigt die gestiegene Attraktivität Tampas seit 2016 mehrmals wöchentlich mit Nonstopflügen ab Frankfurt.
>
> **Anfahrt:** Der Riverwalk ist immer geöffnet, der Konsum alkoholischer Getränke ist von 1 bis 11 Uhr untersagt.
>
> **Aktivitäten:**
> - Downtown Tampa ist eher ein Banken- und Büroviertel als eine Innenstadt nach dem Vorbild europäischer Städte. Die touristische Hauptattraktion ist der Themenpark Busch Gardens, der Fahrgeschäfte mit einem Tiergarten vereint.
> - Tampa hat mit Coast Bike Share ein recht effektives System zur muskelbetriebenen Fortbewegung. Es funktioniert wie folgt: App einrichten, Kreditkartendaten hinterlegen, Fahrrad mithilfe des Smartphones auslösen, Radeln und an einer der Stationen abstellen; 15 USD im Monat plus 1 USD pro 30 Minuten-Session bezahlen; *coastbikeshare.com*.
>
> **Restaurant:**
> - Ulele: täglich 11 bis 22 Uhr, Freitag und Samstag bis 23 Uhr; 1810 N Highland Avenue, Tampa, FL 33602, Tel. +1 813 999 4952, *ulele.com*
>
> **Websites:**
> - *thetampariverwalk.com*
> - *visittampabay.com*

31. Ybor City: Rückkehr der Zigarrendreher

Auswanderer aus Kuba, Italien und Spanien haben das Viertel im späten 19. Jahrhundert gegründet, um es zu einem Zentrum der Tabakverarbeitung zu machen. Nach einem schleichenden Niedergang feiert Ybor City ein starkes Comeback. Wer richtig feiern möchte, kommt an Tampas Ausgehviertel nicht vorbei. Dabei halten die Clubs so manche Überraschung bereit.

Die Zigarren sind zurück in Ybor City.

Das French Quarter in New Orleans, der Strip in Las Vegas und der Broadway in Nashville sind die vielleicht bekanntesten Ausgehviertel der USA. Nicht weit dahinter folgt Ybor City. Das Viertel ist seit seinen Anfangstagen in den 1880er-Jahren als temperamentvoll bekannt, wohl auch, weil es von Anfang an von Einwanderern aus Kuba, Spanien und Italien bevölkert wurde.

Als Gründervater gilt der Spanier Vicente Martinez-Ybor, der sich zunächst in Kuba und später in Key West ein kleines Imperium als Zigarrenproduzent aufgebaut hatte. Als er wegen Konflikten mit Arbeitern nach einem neuen Standort suchte, fiel seine Wahl auf Tampa, dessen feuchtwarmes Klima sich für die Verarbeitung von Tabak gut zu eignen schien. Sein Erfolg sollte der Startschuss für das explosionsartige Wachstum des nach ihm benannten Stadtteils werden. Für die nächsten rund 50 Jahre wurde Ybor City zu „Cigar City". Erst die Wirtschaftskrise der 1930er-Jahre nagte an Tampas Ruf, einer der weltweit größten Standorte der Tabakproduktion zu sein.

Tampas Ausgehviertel ist wild.

Was folgte, waren Dekaden des Niedergangs, der sich durch die allgemeine Krise urbaner Lebensräume in den 1970er-Jahren so weit beschleunigte, dass in Ybor City kaum noch ein Geschäft geöffnet war. Von einst mehreren Zehntausend Einwohnern waren nur 1000 übrig. Erst im darauffolgenden Jahrzehnt, als viele alte Backsteinbauten schon abgerissen waren, setzte eine langsame Gentrifizierung ein. Clubs und Restaurants entdeckten den Charme der verbliebenen Bauten aus der Gründerzeit. Bis 2000 aber hielt sich der Ruf des Viertels als gefährlich – und das lag nicht an den wilden Partys, welche die Rockband The Hold Steady in ihrem Song „Killer Parties" besungen hat, der Ybor City internationale Aufmerksamkeit beschert hat.

Heute ist die Wiederinstandsetzung des Viertels weit fortgeschritten. Mit der 7th Street als Hauptachse haben sich hier Secondhand-Boutiquen, Tattoo-Studios und Musikgeschäfte niedergelassen.

Auch Tequila Bars und Mikrobrauereien sind keine Seltenheit – und sogar eine Handvoll Fachgeschäfte für handgerollte Zigarren ist zurückgekehrt. Seitdem wird Ybor City als historisches Viertel regelrecht gefeiert. Auch für sein Nachtleben, denn in den Clubs sind Transvestiten ebenso zu Hause wie Table Dancer jeglichen Geschlechts. The Ritz oder The Attic sind renommierte Konzertbühnen. Unabhängig vom Ort lässt es das Publikum ordentlich krachen.

Einen wichtigen Impuls für den Aufschwung übrigens hat die Wiederinbetriebnahme einer Straßenbahnlinie gegeben, die 1946

Populäre Street Car

stillgelegt wurde. Seit 2002 können Touristen, die ein Hotel in der Innenstadt gebucht haben, dank der TECO das Auto stehen lassen. Stets unbeeindruckt von der wechselvollen Geschichte war das Columbia, das als ältestes durchgehend geöffnetes Restaurant Floridas gilt. Es wurde 1905 ins Leben gerufen und hält sich dort in der fünften Generation. Als kleiner Treppenwitz der Geschichte hat Gründer Casimiro Hernandez die Erfolgsgeschichte von Martinez-Ybor umgedreht: Er kam aus Kuba, um in Tampa ein spanisches Restaurant zu eröffnen. Es ist nach eigenen Angaben das größte iberische Lokal der Welt – mit allabendlichen Flamenco-Shows als feierlichem Highlight.

> **INFO**
>
> **Lage:** vier Kilometer nordöstlich von Downtown Tampa
> **Anfahrt:** mit dem TECO Street Car System alle 15 Minuten aus der Innenstadt, die Fahrten zwischen elf Haltestellen sind kostenlos, *tecolinestreetcar.org*
> **Aktivitäten:**
> - Busch Gardens: Die größte Touristenattraktion Tampas bietet eine etwas seltsame Mischung aus Themenpark mit Fahrgeschäften und Tiergarten; wechselnde Öffnungszeiten, mindestens täglich 10 bis 18 Uhr; Tickets ab 90 USD pro Tag; *buschgardens.com*
>
> **Restaurant:**
> - Columbia Restaurant: Der Besuch in diesem prächtigen Lokal ist ein kleines Erlebnis; Montag bis Donnerstag 11 bis 22 Uhr, Freitag und Samstag bis 23 Uhr, Sonntag 11:30 bis 21 Uhr; 2117 E 7th Boulevard, Tampa, FL 33605, Tel. +1 813 248 4961, *columbiarestaurant.com*
>
> **Unterkunft:**
> - Hampton Inn & Suites Tampa/Ybor City: 1301 E 7th Avenue, Tampa, Tel.+1 813 247 6700, *hilton.com/en/hotels/tpaybhx-hampton-suites-tampa-ybor-city-downtown*
>
> **Websites:**
> - *yborcityonline.com*
> - *visittampabay.com*

32. Pinellas Trail: mit Muskelkraft durch den Sunshine State

Seit einigen Jahren werden in Florida ausgemusterte Verkehrswege in großem Stil zu Radwegen umgewandelt. Dieser hier ist einer der längsten: Ursprünglich führte er über 62 Kilometer von St. Petersburg im Süden nach Tarpon Springs im Norden. Wegen des großen Erfolges wird der Trail nun ausgebaut und an weitere Radwege angebunden.

Radeln auf einer ehemaligen Bahnstrecke

Die einst ruhmreiche Eisenbahn hat im Florida unserer Zeit keine Chance gegen das Automobil. Viele Strecken wurden stillgelegt, doch das ist nicht ausschließlich bedauerlich. Neuerdings profitiert davon ein Verkehrsmittel, das lange Zeit sträflich vernachlässigt wurde und welches auch in den USA immer mehr in den Vordergrund rückt: das Fahrrad.

Konkret werden ehemalige Bahnstrecken zurückgebaut und die nunmehr frei gewordenen Trassen einer neuen Funktion als Radweg zugefügt. So entsteht ein immer dichter werdendes Netz aus Nah- und Fernstrecken. Vorläufiger Höhepunkt dieser Entwicklung ist eine Querung von West nach Ost, die gerade mit 50 Millionen Dollar an öffentlichen Geldern zwischen St. Petersburg und dem Kennedy Space Center bei Cocoa Beach fertiggestellt wird. Sowohl Einheimische als auch Touristen sollen damit die Chance haben, den Sunshine State auf eine neue Weise kennenzulernen und dabei ein kleines Abenteuer zu erleben.

Vorfahrt für Radler

Der Abschnitt zwischen „St. Pete" und Tarpon Springs ist ein Teil des Großprojekts. Auf einer Strecke von ursprünglich etwas mehr als 60 Kilometern ist der Radweg längst fertiggestellt und zu einer attraktiven Alternative zum ewigen Autofahren geworden. An vielen Kreuzungen genießen Pedaleure sogar entweder Vorfahrt oder ihnen stehen Unterführungen und Brücken zur Verfügung. An anderen Stellen allerdings ist Vorsicht geboten, da die Route einige viel befahrene Straßen kreuzt.

Der Start aus südlicher Richtung beginnt in der Innenstadt von St. Petersburg mit einem prächtigen Blick auf die Tampa Bay. Weiter geht es in Richtung St. Pete Beach, wo die Strecke einen Knick nach Norden macht. Vorbei an Seminole und den Florida Botanical Gardens führt der Radweg durch Pinellas County. In Clearwater sind es nur wenige Kilometer bis zum breiten Sandstrand.

Einkehren am Wegesrand

Hier beginnt auch der wohl schönste Streckenabschnitt. Eine echte Überraschung ist zum Beispiel das kleine Städtchen Dunedin, dessen Name eine Ableitung aus dem schottischen Wort für Edinburgh ist und eine große Community aus dem Norden der Britischen Inseln beherbergt. Der Ort eignet sich auch als Anlaufstelle für Radler, die nur einen Teil des Trails absolvieren möchten, denn es gibt einen zuverlässigen Fahrradverleih. Die nahe Brauerei ermöglicht nach der Aktivität einen geschmeidigen Übergang zum gemütlichen Ausklang des Tages.

Wer bis zum Nordende in Tarpon Springs weiterfährt, kann sich auf andere Einflüsse freuen: Diesem Städtchen haben griechische Migranten ihren Stempel aufgedrückt. Neben zahlreichen Restaurants sind es vor allem die Schwammtaucher, die bis heute die Fahne ihrer Heimat hochhalten. Hier schließt sich nebenbei auch der Kreis mit der Eisenbahn, denn im ehemaligen Depot befindet sich nun ein kleines Museum.

Muskelkraft in allen Formen

DIE WESTKÜSTE

Apropos Kreis: Der Pinellas Trail ist seit seinen Anfängen in den 1990er-Jahren derart beliebt geworden, dass die beteiligten Gemeinden nun einen Ausbau beschlossen haben. Genauer gesagt wird an der Ostflanke der Pinellas-Halbinsel ein weiterer Radweg angelegt, sodass eine dann 120 Kilometer lange Schleife entsteht. Da sage noch mal einer, die USA seien eine reine Autofahrernation.

> **INFO**
>
> **Lage:** Startpunkt in Downtown St. Petersburg, Endpunkt Tarpon Springs, weitere Streckenabschnitte im Bau
>
> **Anfahrt:** Für Urlauber eignet sich Dunedin als Ausgangspunkt, 40 Kilometer nordwestlich von Tampa.
>
> **Aktivitäten:**
> - Fahrradverleih in Dunedin bei Kafe Racer: Montag bis Freitag 10 bis 18 Uhr, Samstag und Sonntag 9 bis 18 Uhr; ab 24 USD pro Tag inklusive Schloss und Helm; 998 Douglas Avenue, Dunedin, FL 34698, Tel. +1 727 466 1245, *kaferacer.com*
>
> **Restaurant:**
> - Dunedin Brewery: Die älteste Mikrobrauerei Floridas bietet auch Gerstensaft zum Mintnehmen an; täglich ab 11 Uhr; 937 Douglas Avenue, Dunedin, FL 34698, Tel. +1 727 736 0606, *dunedinbrewery.com*
>
> **Unterkunft:**
> - The Meranova Bed & Breakfast: 458 Virginia Avenue, Dunedin, FL 34698, Tel. 1 727 733 9248, *meranova.com*
>
> **Hinweis:** Der Pinellas Trail ist ein rund 80 Kilometer langer Weg, der vor allem von Radfahrern, aber auch von Wanderern und Inline-Skatern benutzt wird.
>
> **Websites:**
> - *pinellascounty.org:* pdf mit vielen Infos zum Pinellas Trail
> - *bikeflorida.net:* detaillierte Infos zum Pinellas Trail und anderen Radwegen in Florida
> - *visitstpeteclearwater.com/de*

33. Clearwater Marine Aquarium: Hollywoodkarriere einer verletzten Delfindame

Ein schwerverletzter Delfin wird in eine auf Meerestiere spezialisierte Klinik eingeliefert. Die Veterinäre räumten dem erst wenige Wochen alten Tier kaum eine Überlebenschance ein. Die junge Dame aber weigerte sich aufzugeben. Mit menschlicher Hilfe erholte sie sich – was ihr eine Filmrolle an der Seite von Morgan Freeman verschaffte.

Es ist eine typisch amerikanische Geschichte: Das Marine Aquarium in Clearwater führte seit seiner Gründung 1972 eine eher unscheinbare Existenz als gemeinnützige Organisation zur Pflege und Beherbergung verwundeter Meerestiere. Bis im Dezember 2005 eine junge Delfindame aufgenommen wurde, die sich an der Ostküste in einer Bucht bei Cape Canaveral ihre Schwanzflosse an Angelschnüren und Krebsreusen schwer verletzt hatte.

Aquarium in Clearwater

Den Veterinären auf der anderen Seite Floridas gelang es trotz aller Anstrengungen nicht, die Flosse des nach Schätzungen erst acht Wochen alten Tieres zu retten. Ihre Reste verkümmerten zusehends, wodurch die Überlebenschancen des Tümmlers als verschwindend gering bewertet wurden. Zur allgemeinen Überraschung aber verheilten die Wunden und die mittlerweile auf den Namen „Winter" getaufte Delfindame begann wieder zu fressen. Außerdem entwickelte sie eine eigenständige Methode zur Fortbewegung, wobei sie sich von einer Seite auf die andere rollte. Weil dies nach Ansicht der Veterinäre auf Dauer ihre Wirbelsäule beschädigen würde, alle anderen Anzeichen jedoch Anlass zur Hoffnung gaben, fasste man den gemeinsamen Beschluss, eine Prothese für die Patientin in Auftrag zu geben. Einem Team von Spezialisten sollte es tatsächlich gelingen, das Körperteil so nachzubauen, dass Winter seitdem wieder nahezu ungehindert schwimmen kann.

Delfin als Filmstar

Weil so gut wie jeder Mensch Delfine liebt, sorgte die Geschichte für einiges Aufsehen. Auch Hollywood wollte sich den Stoff nicht entgehen lassen. Am 23. September 2011 feierte die Verfilmung von Winters Leben als „Dolphin Story 1" („Mein Freund, der Delfin 1") Premiere. Während die Delfindame sich selbst spielte, waren in weiteren Hauptrollen Morgan Freeman, Harry Connick Jr. und Ashley Judd zu sehen. Der Film war so erfolgreich, dass 2013 eine Fortsetzung gedreht wurde. Im Mittelpunkt stand diesmal „Hope2, die 2010 ebenfalls erst wenige Wochen alt von ihrer Mutter verstoßen und völlig entkräftet von einem Fischer aufgelesen wurde.

Seitdem ist das nicht auf große Besuchermengen eingestellte Aquarium direkt nach dem makellosen Sandstrand zur zweitgrößten Attraktion Clearwaters geworden. An einem Tag wollte die Rekordanzahl von 6000 Menschen Winter und ihre Gefährten sehen. Mittlerweile haben die beiden Stars Gesellschaft von weiteren Delfinen erhalten, mit denen sie in Kürze gemeinsam ein neues Becken beziehen werden.

DIE WESTKÜSTE

Die Bademeister von Clearwater Beach wohnen schön.

Unterdessen geht die Arbeit des Teams unvermindert weiter, schließlich lautet die selbst gestellte Aufgabe, verletzte Tiere zunächst zu retten und danach gesund zu pflegen, um sie zu guter Letzt wieder in freier Wildbahn auszusetzen. Bei einigen Eingriffen können Besucher dem aus Veterinären, Meeresbiologen und freiwilligen Helfern bestehenden Team durch eine Glasscheibe über die Schulter blicken. Vor allem aber sollen Jung und Alt von ihrer Begegnung mit Winter mitnehmen, dem sensiblen Lebensraum der Tiere mehr Respekt entgegenzubringen. Zur Verbreitung dieser Botschaft steht dank Winter und Hope nun deutlich mehr Geld zur Verfügung.

INFO

Lage: 40 Kilometer westlich von Tampa; Clearwater Marine Aquarium: 249 Windward Passage, Clearwater, FL 33767 (eine Insel zwischen Clearwater Beach und dem Festland), Tel. +1 727 441 1790

Anfahrt: I-275 nach Westen bis zur Abfahrt Fl-60, weiter nach Westen in Richtung Clearwater Beach bis zum Aquarium

Öffnungszeiten: täglich 10 bis 18 Uhr

Eintritt: Erwachsene 25 USD, Kinder 20 USD, für 46 bzw. 35 USD sind Tickets mit einer 90-minütigen Bootstour buchbar

Restaurant:
- Frenchy's Rockaway Grill: rustikale Strandbar mit gutem Essen und prächtigem Blick auf den Sonnenuntergang; täglich ab 11 Uhr; 7 Rockaway Street, Clearwater, FL 33767, Tel. +1 727 446 4844, *frenchysonline.com*

Unterkunft:
- Hotel Surf 'n Sand: 50 Royal Way, Clearwater Beach, FL 33767, Tel. +1 727 437 0433, *surf-n-sand-motel-clearwater-beach.at-hotels.com*

Hinweis: Clearwarer Beach ist vor allem bei jungen Amerikanern ein beliebter Ferienort, kaum irgendwo in Florida sind die Strände so breit; *visitstpeteclearwater.com/de*

Websites: *cmaquarium.org*

34. Chihuly Collection: schwelgerische Skulpturen aus Glas

An der Südspitze der Pinellas-Halbinsel hat St. Petersburg eine erstaunliche Metamorphose vom städtebaulichen Sorgenkind zu einem bevorzugten Wohnort hingelegt. Dabei hat sich die Investition in Kultur ausgezahlt. Während viele Besucher das umfangreiche Werk eines spanischen Surrealisten in Augenschein nehmen, locken um die Ecke kaum weniger bizarre Kunstwerke aus Glas.

Dalí, Dalí und noch einmal Dalí. So ungefähr hört sich das an, wenn sich kulturbeflissene Amerikaner über St. Petersburg unterhalten. Da ist nichts gegen einzuwenden, denn das örtliche Museum, das sich neuerdings knapp, aber treffend „The Dalí" nennt, beherbergt die umfangreichste außereuropäische Sammlung mit Werken des Spaniers. Das Industriellenpaar Eleanor Reese Morse und Albert

Das Dalí-Museum

Reynolds Morse hatte seit 1942 stattliche 2140 Werke des gefeierten Selbstdarstellers zusammengetragen, um sie 1982 der Stadt St. Petersburg zu übertragen.

Träume aus Glas

Seit 2011 sind die Arbeiten in einem streitbaren Neubau ausgestellt, dem die einen eine angemessene Strahlkraft zusprechen, den andere jedoch für eine recht missglückte Symbiose aus einer Glasskulptur und einem Betonquader halten. Der Besuch ist für Dalí-Fans ein Muss. Dabei kann es auch recht unterhaltsam sein, prüde Amerikaner aus dem Mittleren Westen dabei zu beobachten, wie sich über die Abbildung nackter menschlicher Körper empören.

Das Kulturleben der aufstrebenden Stadt aber beschränkt sich nicht nur auf Dalí. Kaum weniger flammend nämlich ist das Œuvre von Dale Chihuly, dem im nahen Morean Arts Center ein eigener Trakt gewidmet ist. Der 1941 in Tacoma bei Seattle geborene Künstler hat die Verarbeitung von Glas revolutioniert und immer erfindungsreichere Skulpturen geschaffen. Dabei versteht er sich sowohl auf gegenständliche Arbeiten, die gerne von Botanischen Gärten oder vergleichbaren Einrichtungen ausgestellt werden, wie auch auf kaum greifbare Abstraktionen.

Chihuly ist in den USA eine ziemlich große Nummer. Ursprünglich hatte er Design und Innenarchitektur studiert, ehe er 1968 dank eines Stipendiums nach Murano gehen konnte. Der Aufenthalt auf der berühmten Glasbläserinsel in der Lagune von Venedig sollte sein Leben dahingehend verändern, dass er sich fortan nur noch mit diesem Werkstoff beschäftigte.

In den 1970er-Jahren experimentierte Chihuly ausführlich damit, durch den Einsatz eines Teams immer größere Objekte herstellen zu können. Das traf sich gut, denn nachdem er bei aufeinanderfolgenden Unfällen erst ein Auge verlor und sich anschließend seine Schulter schwer verletzte, war er ohnehin dauerhaft auf die Hilfe von Mitarbeitern angewiesen. Seiner künstlerischen Karriere hat dies nicht geschadet. Viel mehr nahm diese so weit Schwung auf, dass seine Verkäufe Anfang des Jahrtausends auf fast 30 Millionen Dollar geschätzt wurden.

Chihulys Arbeiten üben eine Faszination auf ein breites Publikum aus, weil sie enorm farbenfreudig sind, aber durch das Material zugleich in gewisser Weise transparent bleiben. Sie können organischen Formen wie Muscheln oder Kakteen nachempfunden sein, öfter jedoch sind sie verschlungen expressionistische Variationen aus dem Reich der Fantasie. In den behutsam beleuchteten Sälen

Wundersame Welten in der Chihuly Collection

des Museums sieht sich das Auge nicht so schnell an den psychedelisch anmutenden Exponaten satt, wobei der Geist durch die Zerbrechlichkeit des Werkstoffs permanent mit der Vergänglichkeit konfrontiert wird. So wird der Parcours durch die Ausstellung zu einem Trip, der dem Studium von Dalí-Werken nicht nachsteht. Das will etwas heißen.

INFO

Lage: 40 Kilometer südwestlich von Tampa; The Chihuly Collection at the Morean Arts Center: 720 Central Avenue, St. Petersburg, FL 33701, Tel. +1 727 822 7872

Anfahrt: über I-275 nach Westen in Richtung St. Petersburg bis zur Ausfahrt 23A, dort auf die I-375 bis zur Dr. Martin Luther King Jr. Street N, Richtung Süden bis zur Central Avenue North, dort links zum Museum

Öffnungszeiten: täglich 10 bis 17 Uhr, Sonntag ab 12 Uhr

Eintritt: Erwachsene 20 USD, Kinder 13 USD

Aktivitäten:
- Das im Nachbarhaus der Chihuly Collection gelegene Mutterhaus des Morean Arts Center ist auf internationale Gegenwartskunst spezialisiert, hier ist der Eintritt kostenlos.
- The Dalí: täglich 10 bis 17:30 Uhr, Donnerstag bis 20 Uhr; Eintritt Erwachsene 25 USD, Jugendliche 18 USD, Kinder 10 USD; 1 Dali Boulevard, St. Petersburg, FL 33701, Tel. +1 727 823 3767, *thedali.org*

Restaurant:
- Ichicoro Ane: japanische Fusionküche auf hohem Niveau; Dienstag bis Sonntag ab 15 Uhr; 260 1st Avenue South, St. Petersburg, FL 33701, Tel. +1 727 300 0281, *ichicoroane.com*

Unterkunft:
- The Avalon: kleines Boutiquehotel im Art-déco-Stil von South Beach Miami; 43 N 4th Avenue, St. Petersburg, Tel. +1 727 317 5508, *avalonstpetersburg.com*

Websites: *moreanartscenter.org*

35. The Ringling: sagenhaftes Imperium eines Zirkusdirektors

Eine Familie mit sieben Söhnen hat zu Beginn des 20. Jahrhunderts weite Teile der USA unterhalten und dabei immense Reichtümer angehäuft. Als letzter Überlebender hat es John Ringling nach Sarasota verschlagen, wo er gemeinsam mit seiner Frau ein atemberaubendes Anwesen aufgebaut hat.

Menschenkanone im The Ringling

Die Entertainmentmöglichkeiten waren an der Schwelle zum 20. Jahrhundert noch eine ziemlich überschaubare Sache. Gewiss, man konnte Bücher lesen, musizieren, sich in Bars verdingen und an ausgewählten Orten die Oper oder ein Theater aufsuchen. Das war es dann aber auch. Richtige Action versprach nur der Besuch eines Zirkus. Hier gab es Dompteure, Raubtiere, Zauberer oder Feuerschlucker. Bei den Aufführungen der Ringling Bros. durfte das Publikum nichts anderes als „The World's Greatest Show" erwarten. Dazu gehörte ab 1928 sogar eine menschliche Kanonenkugel, die sich mit fast 200 Stundenkilometern über 40 Meter weit durch die Luft katapultieren ließ.

Traumhaus Ca' d' Zan

Die Ringling Bros. galten als der mit Abstand größte und beste Zirkus der USA. Betrieben wurde er von sieben deutschstämmigen Brüdern, die aus einem kleinen Familienbetrieb die erfolgreichste Entertainment-Maschine ihrer Zeit gemacht haben. Zeitweise wirkten mehr als 1000 Angestellte an dem Wanderzirkus mit, zu dessen Transport ein eigener Zug mit 85 Waggons erforderlich war.

Mitte der 1920er-Jahre lebte von den Brüdern nur noch John, der wie so viele andere Erfolgsmenschen seine Winter seit geraumer Zeit in Florida verbrachte. Damals hatte Ringling ein gewaltiges Vermögen, das ihm einige Extravaganzen gestattete. So ließ er für sich und seine Gemahlin Mabel eine Villa mit nicht weniger als 30 Räumen im Stile der venezianischen Gotik errichten. Das Domizil war 1926 bezugsfertig und erhielt den Namen Ca' d'Zan, was auf Altvenezianisch so viel wie Johns Haus bedeutet.

Der Prunkbau steht in bevorzugter Lage an der Sarasota Bay und weiß einen üppigen Garten mit prächtigen Wanderfeigen um sich herum. Das ist aber noch lange nicht alles, schließlich vertrieben sich die Ringlings ihre späteren Jahre vorzugsweise damit, Kulturschätze aus allen Erdteilen anzuhäufen. Zeitweise hieß es im Rest der Welt, dass nichts vor diesen Amerikanern sicher sei. So erwarben sie fünf großformatige Werke von Peter Paul Rubens,

Inspiration aus Italien

Banyanfeige

aber auch Arbeiten von Künstlern aus so unterschiedlichen Epochen wie Lucas Cranach, Diego Velázquez, Frans Hals oder Marcel Duchamp.

Wer eine solche Sammlung besaß, wollte sie natürlich auch zeigen – vor allem in einer Region, die sonst nicht gerade mit Hochkultur gesegnet war. Also beschlossen die Ringlings den Bau eines adäquaten Museums. Dabei herausgekommen ist ein U-förmiger Palast, der – vielleicht von den Palmen abgesehen – in keiner europäischen Hauptstadt deplatziert wirken würde. Heute fungiert er als offizielles Staatsmuseum Floridas. Aber auch diese Geschichte klingt noch vergleichsweise bodenständig, denn zum Anwesen gehört auch ein komplettes Theater, das 1798 im italienischen Asolo bei Venedig eröffnet wurde. Stein für Stein wurde es abgebaut und nach Sarasota transportiert, allerdings erst nach Ringlings Tod. Verantwortlich war der erste Direktor des Museums, der die in Italien offenbar entbehrliche Spielstätte für eine passende Ergänzung der vorhandenen Bausubstanz hielt.

Abgerundet wird das Ensemble von einem Zirkusmuseum, das auf sehenswerte Weise auf die Historie der Ringlings zurückblickt. Hier steht auch die Kanone, die Menschen durch die Luft katapultierte. Alles zusammen ist ein das Ensemble ein Garant für einen ebenso ausgefüllten wie unterhaltsamen Tag.

> **INFO**
>
> **Lage:** 90 Kilometer südlich von Tampa, 5 Kilometer nordwestlich von Downtown Sarasota; The Ringling: 5401 Bay Shore Road, Sarasota, FL 34243, Tel. +1 941 359 5700
> **Anfahrt:** I-95 Richtung Süden bis zur Ausfahrt 213, von dort aus über den University Highway bis zum Ringling
> **Öffnungszeiten:** täglich 10 bis 17 Uhr, donnerstags bis 20 Uhr
> **Eintritt:** Erwachsene 25 USD, Kinder 5 USD. Im Preis inbegriffen sind das Kunstmuseum, das Zirkusmuseum und die Gärten. Im Kunstmuseum werden kostenlose Führungen, durch Ca' d'Zan unterschiedliche Führungen ab 10 USD angeboten.
> **Aktivitäten:**
> - Sarasota Opera: Die Oper hat von 1989 bis 2016 als bislang weltweit einziges Haus das Gesamtwerk Giuseppe Verdis aufgeführt; 61 N Pineapple Avenue, Sarasota, FL 34236, Tel. +1 941 328 1300, *sarasotaopera.org*
>
> **Restaurant:**
> - Amore: italienische und portugiesische Küche in landestypischem Dekor; Dienstag bis Sonntag 17 bis 21:30 Uhr; 180 N Lime Avenue, Sarasota, FL 34236, Tel. +1 941 383 1111, *amorelbk.com*
>
> **Unterkunft:** Die schönen Hotels befinden sich entweder auf den vorgelagerten Inseln Lido und Longboard Key oder in Downtown Sarasota.
> **Websites:**
> - *ringling.org*
> - *visitsarasota.com*

36. Myakka River State Park: Schaulaufen der Schlangenhalsvögel und Silberreiher

In geringer Entfernung zur dicht bevölkerten Küste breitet sich östlich von Sarasota ein riesiger Park aus. Wo Trockensavanne und Sumpfgebiete auf engem Raum eine friedliche Koexistenz eingehen, können sich Abenteurer in den Weiten der Landschaft verlieren. Tagestouristen haben derweil die Möglichkeit, das Revier im Schnelldurchgang zu durchforsten.

Zu Land und im Wasser: Alligatoren

Wochenlang durch Florida wandern, ohne einem Menschen zu begegnen? Das klingt erst einmal nach einem abwegigen Gedanken. Tatsächlich aber sind solcherlei Absichten relativ einfach umsetzbar, egal, ob man sich nun als Aussteiger oder Abenteurer definiert. Ein guter Anlaufpunkt hierfür ist der Myakka River State Park, der in nur knapp 30 Kilometern Entfernung zu Sarasota wie das Ende der Welt anmutet.

Der Park räumt zugleich mit dem Vorurteil auf, das sich die Ökosysteme Floridas vereinfacht gesagt auf Sumpflandschaften und Traumstrände beschränken. Obwohl mit dem Myakka River ein wasserreicher Fluss durch das Gebiet mäandert, fallen weite Teile des Areals aus ökologischer Sicht in die Kategorie der Trockenprärie. Nicht ohne Stolz sagen die Ranger vor Ort, dass die Landschaft hier noch immer so sei, wie sie die amerikanischen Ureinwohner und die ersten spanischen Siedler vorgefunden haben.

Der Autor auf dem Canopy Walk

Die Trockenprärie zeichnet sich rein optisch durch weite, komplett flache Landschaften aus, die in Zentralflorida vor allem von niedrig wachsenden Säge- und Stechpalmen geprägt sind. Immer mal wieder durchbrechen – einzeln oder in kleineren Gruppen – Zypressen oder Kiefern die relative Monotonie der Vegetation. Die Trockenprärie verdankt ihre Existenz einer speziellen Anordnung von Erdschichten, die von Wasser in beide Richtungen nur schwer zu durchdringen sind. Während der Regenzeit hat sie extreme Feuchtigkeit zur Folge, die Trockenzeit hingegen ist von einer ebenso starken Wasserarmut geprägt ist. Kurzum: Tier- und Pflanzenwelt müssen sehr anpassungsfähig sein.

In die Weiten des Parks verirrt sich kaum ein Mensch, obwohl ein 62 Kilometer langer Rundwanderweg ausdrücklich dazu einlädt. Der Myakka River State Park aber bezieht seinen Reiz auch dadurch, dass er in der näheren Umgebung des namensgebenden Flusses ein komplett anderes Ökosystem aufweist. Zwischen zwei in etwa gleichgroßen Seen schlängelt sich der Fluss durch eine sattgrüne Landschaft, die von Sümpfen und Feuchtgebieten bestimmt wird. Dieses Gebiet ist dank einer gut ausgebauten touristischen Infrastruktur viel leichter zugänglich.

Wer sich mit dem Auto dem Lake Myakka nähert, kann bei genauem Hinsehen schon aus der Ferne kleine Unebenheiten in der Wasseroberfläche entdecken. Dabei handelt es sich um die aus dem See herausragenden Augenpaare von Alligatoren. Eine Bootstour ermöglicht tiefere Einblicke in diese subtropische Welt und ihre Bewohner: Während an den Ufern Schlangenhalsvögel und Silberreiher auf leichte Beute lauern, schauen sich Weißkopfseeadler und andere Raubvögel scheinbar unbeteiligt aus den Kronen der umstehenden Bäume an. Vorzugsweise auf umgekippten Baumstämmen lassen sich Schildkröten die Sonne auf den Panzer brennen, wobei ihnen nicht annähernd so viel Aufmerksamkeit zukommt wie den etwas tapsig watenden Rosalöfflern. Das Schaulaufen in der freien Natur kann eben ganz schön ungerecht sein.

Laufen übrigens können Besucher in üppig bewaldeten Teil des Myakka River State Park auch auf Höhe der Baumwipfel. Ein sogenannter Canopy Walk ermöglicht ungewohnte Ausblicke – bis weit hinaus in das Revier der Wanderer.

Ausflugsboot auf Lake Myakka

Blick auf die Umgebung

INFO

Lage: 110 Kilometer südlich von Tampa; Myakka River State Park: 13208 State Road 72, Sarasota, FL 34241, Tel. +1 941 361 6511

Anfahrt: I-75 in Richtung Süden bis Ausfahrt 203, über Fl-72 in Richtung Osten bis zum Park

Öffnungszeiten: täglich von 8 Uhr bis Sonnenuntergang

Eintritt: 6 USD pro Fahrzeug

Aktivitäten:
- Bootsausflug: keine Reservierungen, Dauer etwa 60 Minuten; täglich um 9, 11, 13, 15, und 17 Uhr; Erwachsene 20 USD, Kinder 12 USD
- Die Benutzung des Canopy Walk ist kostenlos
- Alle ausführlichen Outdoor-Aktivitäten bedürfen der sorgfältigen Vorbereitung, Tipps bezüglich der besonderen Umstände befinden sich auf der Website.

Restaurant:
- Pink Gator Cafe: am Myakka Outpost, wo sich auch der Bootsanleger befindet. Hier werden auch Räder (ab 15 USD/zwei Stunden) und Kajaks (ab 25 USD/zwei Stunden) verliehen; täglich 9:30 bis 17:30 Uhr; Tel. +1 941 923 1120

Unterkunft: Im Park gibt es eine Handvoll historischer Hütten, die aus Palmenstämmen errichtet wurden, über Küche und Bad verfügen und wo bis zu sechs Personen schlafen können. Die Hütten werden online vergeben, wobei der Vorlauf bis zu elf Monate beträgt.

Website: *floridastateparks.org/parks-and-trails/myakka-river-state-park*

37. „Shelling" auf Sanibel: mit gesenktem Haupt zum Glück

Auf dieser herrlichen Insel bewegen sich die Besucher vorzugsweise mit dem Kopf nach unten über den Strand und durch das flache Meer. Verantwortlich hierfür sind weder Missmut noch Depressionen: Vielmehr ist die Suche nach Muscheln hier Volkssport Nummer eins. Amerikas einziges Muschelmuseum bringt ganz in der Nähe Licht ins Dunkel.

Einige Orte auf diesem Planeten sind derart schön, dass man ein Eintrittsgeld dafür nehmen müsste. Für Sanibel Island und Captiva Island ist dies längst keine Zukunftsmusik mehr, obwohl es sich um öffentlich zugängliches Land handelt. Dafür haben sich die Amerikaner einen kleinen Kunstgriff einfallen lassen: Sie erheben für die Nutzung der buckligen Brücke eine Maut in Höhe von sechs Dollar. Nur Fahrräder dürfen die knapp fünf Kilometer lange Überfahrt ins Paradies kostenlos in Anspruch nehmen.

Sonnenuntergang über den Muscheln

DIE WESTKÜSTE

Kopf runter: Muschelsucher auf Sanibel

Die Investition mag zu verkraften sein, doch sie verhindert immerhin, dass sich motorisierte Besucher unbedacht hierher verirren, weshalb es hier meist ziemlich bedächtig zugeht. Die Bezahlung der verkappten Gebühr lohnt sich auf jeden Fall: Die beiden Inseln, die über eine weitere, kaum 50 Meter lange Brücke miteinander verbunden sind, gehören zum schönsten, was Florida zu bieten hat. Dafür bürgt nicht zuletzt ein Naturreservat mit dem etwas sperrigen Namen J.N. „Ding" Darling National Wildlife Refuge, dessen Beschützung der Comiczeichner Jay Norwood Darling Präsident Harry Truman im Jahr 1945 abgerungen hat. Das Gebiet ist die Heimat von 245 verschiedenen Vogelspezies, wobei die lustigen Rosalöffler in der Gunst des Publikums besonders hoch stehen.

Noch mehr Aufmerksamkeit als das Feuchtgebiet am Ostufer aber erhält auf Sanibel Island der Strand. Dieser ist strahlend weiß und von äußerst feinsandiger Beschaffenheit. Wer sich hier der Kontemplation hingibt und auf die manchmal spiegelglatte Wasseroberfläche hinausblickt, wird allenfalls von Delfinen aufgeschreckt, die sich in der Ferne gelegentlich übermütigen Spielereien hingeben. Ansonsten spielte sich am Strand herzlich wenig ab, würde hier nicht eine seltsame menschliche Subspezies auf und ab patrouillieren, die den Kopf konsequent nach unten richtet. Auf dem Strand – oder alternativ knöcheltief im Wasser.

Die schmalen Dünen sind Schildkrötenland.

Was es damit auf sich hat, wird immer dann deutlich, wenn sich die betreffenden Personen bücken, um eine Muschel oder ein anderes Schalentier aufzuheben. Stundenlang laufen die Sammler umher, um eine beachtliche Menge dieser Kreaturen aufzulesen, die freilich in aller Regel ihre Behausungen schon längst verlassen und das Zeitliche gesegnet haben. Sie finden kapriziöse Jakobsmuscheln, Koffermuscheln mit kleinen Zähnen, verdrehte Tulpenschnecken oder schnöde Kammmuscheln, die hier jedoch durch ein Farbspektrum überraschen, das von gelb bis lila reicht. Kurzum: Es ist eine Pracht.

Doch wie kommen all die Schalentiere nach Sanibel? Nun, das ist der sogenannten Florida Platform zu verdanken, die etwa 90 Meter unterhalb der Wasseroberfläche ihren sommerlichen Lebensraum bildet. Kommt der Winter, nähern sich die Muscheln der wärmeren Küste, wo sie infolge der Nordwestwinde an Land gespült werden.

Ein Besuch des nationalen Muschelmuseums vertieft die bereits gewonnenen Erkenntnisse erheblich. Hier wird die Geschichte der Schalentiere ausführlich dokumentiert, wobei neben prächtigen Vertretern vieler Arten auch kuriose Fundstücke zu sehen sind. Garniert wird all dies mit einer Prise Seemannsgarn. Dies alles ist so publikumswirksam, dass man unvermittelt mit einem Eimerchen zum Strand aufbrechen möchte.

INFO

Lage: 250 Kilometer südlich von Tampa; Bailey-Matthews National Shell Museum: 3075 Sanibel Captiva Road, Sanibel, FL 33957, Tel. +1 239 395 2233

Anfahrt: über die I-75 bis Fort Myers, an der Ausfahrt 131 nach Westen in Richtung Sanibel Island

Öffnungszeiten: täglich 10 bis 17 Uhr

Eintritt: Erwachsene 15 USD, Kinder 9 USD

Aktivitäten:
- J.N. „Ding" Darling National Wildlife Refuge: unbedingt empfehlenswert. Neben der Beobachtung von Vögeln gehören Wandern, Radfahren und Wassersport zu den beliebtesten Beschäftigungen; *fws.gov/refuge/JN_Ding_Darling*

Einkaufen:
- Bailey's General Store: Mal eine Pause vom ständigen Restaurantbesuch gefällig? Dann ab in diesen Supermarkt, wo das Einkaufen richtig Spaß macht; 2477 Periwinkle Way, Sanibel, FL 33957, Tel. +1 239 472 1516, *baileys-sanibel.com*

Restaurant:
- The Mucky Duck: wird für Meeresfrüchte und seine Sonnenuntergänge geschätzt; 11546 Andy Rosse Lane, Captiva Island, FL 33924, Tel. +1 239 472 3434, *muckyduck.com*

Wichtiger Hinweis: Das Einführen von Muscheln nach Deutschland ist aus Gründen des Artenschutzes streng reglementiert. Der Zoll verbietet die Mitnahme der meisten Muscheln und Schalentiere auch dann, wenn diese zu Ketten oder anderem Schmuck verarbeitet wurden. Ausnahmsweise jedoch können Individuen für den persönlichen Gebrauch bis zu drei Exemplare der Fechterschnecke und Riesenmuscheln ohne Dokumente einführen. Aktuelle Informationen vor jeder Reise unter *zoll.de* (Suchbegriff Artenschutz) lesen!

Websites:
- *shellmuseum.org*
- *sanibel-captiva.org*

38. Cabbage Key: Paradies für Cheeseburger und Anekdoten

Einer winzigen Insel mit einem einzigen Lokal hat der Songwriter Jimmy Buffett angeblich einen Gassenhauer gewidmet. Ein Ausflugsboot bringt Besucher dorthin. Unabhängig vom Wahrheitsgehalt der Geschichte können sie sich vor Ort davon überzeugen, dass Stone Crabs die weitaus bessere Wahl sind.

Florida zählt 4510 Inseln mit einer Größe von wenigstens zehn Acre, was etwa vier Hektar entspricht. Viele stehen dauerhaft im Rampenlicht. Andere führen trotz der permanenten Sonneneinwirkung eher ein Schattendasein. Und dann wäre da noch Cabbage Key, das sich nördlich von Sanibel Island im Pine Island Sound verbirgt. Mit knapp 100 Acre erfüllt das Eiland die Voraussetzung zur Aufnahme um das eingangs erwähnte Inselverzeichnis. Die Anzahl der Anekdoten allerdings genügt für eine mittlere Kleinstadt.

Einer der Gründe ist der Song „Cheeseburger in Paradise", den der Countryrock-Sänger Jimmy Buffett 1978 auf seinem Album „Son of a Son of a Sailor" verewigt hat. Ähnliche viele Denkprozesse wie der Albumtitel scheint auch der Song ausgelöst zu haben. Unter anderem kursiert in diesem Zusammenhang eine Legende,

Stone Crabs auf Cabbage Island

Trauminsel für einen Tag

der zufolge der Musiker bei einem missglückten Segeltörn einige Entbehrungen auf sich hat nehmen müssen. Als er endlich wieder festen Boden unter den Füßen hatte, soll er sich dafür auf Cabbage Key mit besagtem Gericht belohnt haben. Umstände, die ihn zu einer recht euphorischen Sicht der Dinge inspirierten.

Das Problem bei Geschichten dieser Art ist, dass zuweilen auch vergleichbare Etablissements den Anspruch erheben. Buffett indes war klug genug, sich nie verbindlich über seine Inspirationsquelle zu äußern. Stattdessen hat er lieber ein zweites Vermögen als Eigentümer der Hotel- und Restaurantkette Margaritaville gemacht. Sehr wohl allerdings ist verbrieft, dass der 1946 zur Welt gekommene Künstler sich in jungen Jahren regelmäßig auf Cabbage Key hat blicken lassen, um im einzigen Lokal der Insel zu speisen.

Es war Ende der 1970er-Jahre, als Buffett offenbar häufiger von seiner Schwester eingeflogen wurde, die in der Nähe auf Boca Grande wohnte und leidenschaftliche Pilotin eines Wasserflugzeugs war. Die Innendekoration des Restaurants war schon damals durchaus speziell, hängen doch von der Decke geschätzte 70.000 Dollarscheine, die ihrerseits zum Teil von anderen Celebrities signiert sind.

Die Westküste

Natürlich kursieren Legenden, dass neben Katherine Hepburn auch der unvermeidliche Ernest Hemingway hier seine Aufwartung gemacht hat. Dies aber können die heutigen Besitzer nicht bestätigen. Wohl aber sind sie indiskret genug einzuräumen, dass in Person von Jimmy Carter und George W. Bush gleich zwei ehemalige Präsidenten hier einen Teil ihrer kostbaren Zeit verbracht haben.

So oder so ist ein Halbtagesausflug auf die Insel ein ziemliches lohnendes Unterfangen. Während der Überfahrt von Captiva Island kann es passieren, dass sich ein Seeadler auf dem Schornstein des

Fischadler auf Schiffsmast

Bootes niederlässt. Außerdem ist der Ausblick auf die Inselwelt schlicht und einfach herrlich.

Einmal auf Cabbage Key angekommen, sind die Entertainmentmöglichkeiten begrenzt. WLAN und Fernseher haben hier keine Chance. Dafür gibt es einen kleinen Naturlehrpfad, auf dem Begegnungen mit Alligatoren nicht ausgeschlossen sind. Ein nicht sonderlich hoher Aussichtsturm sorgt für weitere Zerstreuung. Damit aber hat es sich dann auch – und das ist gut so, denn so bleibt Zeit für ein fürstliches Mahl. Dabei geht nichts über die Stone Crabs in Senfsauce. In Kombination mit einem Glas Sauvignon Blanc schmecken sie geradezu paradiesisch.

> **INFO**
>
> **Lage:** 265 Kilometer südlich von Tampa; Cabbage Key: Tel. +1 239 283 2278
>
> **Anfahrt:**
> - über I-75 bis Fort Myers, an der Ausfahrt 131 nach Westen in Richtung Sanibel Island, dort weiter bis zum South Seas Island Resort auf Capitva Island
> - Captiva Cruises steuert die Insel mit einem Ausflugsboot an, die Tour dauert fünf Stunden. Um zum Anleger auf Captiva Island zu gelangen, müssen Besucher die Schranke des South Seas Island Resort passieren, was nach Vorlage des Tickets kein Problem ist; Abfahrt täglich um 10 Uhr; Erwachsene 40 USD, Kinder 25 USD; *captivacruises.com*
>
> **Restaurant:** Der Cheeseburger kommt auf 15 USD, die Stone Crabs werden nach Tagespreis gehandelt, auch an Bord des Bootes werden Drinks ausgeschenkt, *cabbagekey.com/dining*
>
> **Unterkunft:** Zimmer im einzigen Insel-Hotel sind in der Nebensaison von Mitte Juli bis Mitte Februar ab 99 USD pro Nacht zu haben, ganze Cottages kosten in der Hochsaison an Wochenende maximal 550 USD, *cabbagekey.com/accommodations*
>
> **Website:** *cabbagekey.com*

39. Matlacha Island: Künstlerkolonie mit Widersprüchen

Eine verschrobene Künstlerin hat es mit ihren bemalten Kokosnüssen zu einiger Berühmtheit gebracht. Ihre Galerie ist allerdings nur eine von vielen auf dem Inselchen, das viele Besucher an die guten, alten Zeiten erinnert. Vor Ort wird auch deutlich, dass die Symbole und Werte der Vergangenheit ihre einstige Bedeutung verloren haben.

Bilderbuch-Florida

Viele Menschen, die zwischen Key West, Pensacola und Amelia Island leben, einst eine gewisse Sehnsucht: Sie alle wünschen sich zurück ins „wahre Florida". Damit meinen die meisten jenes Erscheinungsbild, das einst in der Fernsehserie Flipper zu sehen war und das der Bundesstaat durch den großen Bau- und Immobilienboom in der zweiten Hälfte des 20. Jahrhunderts dauerhaft verloren hat. Es war ein deutlich gemütlicheres Florida ohne viel Verkehr, in dem die Bewohner ein Häuschen unter Palmen hatten, vorzugsweise an einem Kanal, auf dem ein Boot schaukelt.

Dieses alte Florida wurde weitgehend abgeschafft. Auf Matlacha Island (sprich: Malahschee) ist dieses Idealbild aus der Vergangenheit noch weitgehend intakt. Eingebettet zwischen dem Festland

DIE WESTKÜSTE

Bunte Ateliers auf Matlacha

und dem viel größeren Pine Island, hat sich hier eine kleine Künstlerkolonie eingerichtet, die durch bunt angemalte Häuser und Schilder mit der Aufschrift „Art Gallery" auf sich aufmerksam macht.

Kokosnuss als Postkarte

Unumstrittener Blickfang ist dabei das Ladenlokal von Leoma Lovegrove. Die flamboyante Künstlerin hat einige Bekanntheit erlangt, indem sie den Lebensstil Floridas visualisiert und vermarktet hat. Sehr erfolgreich etwa war sie damit, Kokosnüsse mit Acrylfarben zu bemalen, um diese anschließend als dreidimensionale Postkarten zum Verkauf anzubieten. Sogar eine große amerikanische Kaufhauskette hat die Artefakte ins Programm aufgenommen. Ansonsten gestaltet die stets durch ihr hippiehaftes Erscheinungsbild auffallende Frau von Leinwänden über Wandschmuck bis hin zu Krawatten und Hemden eine große Bandbreite gut verkäuflicher Gegenstände.

Zu ihrer Galerie gehört auch ein einladender Garten, in dem sich weitere poppige Exponate befinden. Eine Wand sticht direkt ins Auge, weil sie mit einem Abbild der Beatles geziert ist, eine von Lovegrove vergötterte Band. An einer anderen Stelle steht ein bunt bemalter VW-Bus, wie ihn einst die Mitglieder der Friedensbewegung gestaltet haben. Erwachsene suchen diesen Flecken auch zu Kulturveranstaltungen auf. Und wie die Künstlerin im Gespräch nicht ohne Stolz betont, erhalten Kinder stets ein kostenloses Eis, wenn sie hierhin kommen.

Farbenfreude allerorten

Die Geschichte von der hippieesken Künstlerexklave allerdings erhielt 2016 eine unerwartete Wendung: Die bis dato vor allem als exzentrisch und geschäftstüchtig bekannte Malerin nutzte ihr Anwesen fortan, um aggressiv für den Präsidentschaftskandidaten Donald Trump zu werben. In allen Größen und Formen prangten die fünf Buchstaben des Nachnamens des späteren Wahlsiegers an den Wänden, auch populistische Parolen erhielten ihren Platz. Erzkonservative bis rechtsnationalistische Medien berichteten begeistert.

Bald darauf wurde Lovegroves Galerie mehrmals das Ziel von Sachbeschädigungen. Insgesamt soll sich der Schaden auf 20.000 Dollar belaufen haben. Seitdem hat das Bild von der schrulligen KünstlerKommune Matlacha Island einen Knacks erhalten, der stellvertretend ist für den Bruch, der sich durch die gesamte amerikanische Gesellschaft zieht.

Wasser ist überall auf Matlacha.

Die Insel selbst ist davon weitgehend unbeeindruckt. Hier, wo sich die Landparzellen und die Kanäle gleichberechtigt aneinanderreihen, nistet nach wie vor in nahezu jeder Palme ein Fischadlerpärchen. Abgesehen vom regen Autoverkehr herrscht Ruhe.

> **INFO**
>
> **Lage:** 200 Kilometer südlich von Tampa. Matlacha Island ist ein hübsches Dorf mit ungefähr 700 Einwohnern, die Galerien befinden sich an der Pine Island Road, die gleichzeitig als Durchfahrtsstraße dient.
>
> **Anfahrt:** über die I-75 bis zur Ausfahrt 161, dort über die Jones Loop Road auf die Burnt Store Road in Richtung Süden, auf der Kreuzung mit der US-78 nach Westen in Richtung Matlacha und Pine Island
>
> **Einkaufen:**
> - Lovegrove Gallery & Gardens: 4637 Pine Island Road NW, Matlacha, FL 33993, Tel. +1 239 938 5655, *leomalovegrove.com*
> - Island Visions: Weniger kontrovers ist dieser Laden, den die Betreiber als „Steampunk Gallery" bezeichnen; 4643 Pine Island RoadRoad NW, Matlacha, FL 33993, Tel. +1 239 282 0452, *islandvisions-timeless.com*
>
> **Öffnungszeiten:** Die meisten Galerien sind von 10 bis 17 Uhr geöffnet.
>
> **Restaurant:**
> - Bert's Bar: frische Fisch-Tacos und Flaschenbier mit Blick auf Wasser. Obwohl bereits auf dem Festland gelegen, gilt dieses Lokal als allgemeiner Treffpunkt; 4271 Pine Island Road NW, Matlacha, FL 33993, Tel. +1 239 282 3232, *bertsbar.com*
>
> **Unterkunft:**
> - Knoll's Court Waterfront Motel: im positiven Sinne altmodisches Motel mit Blick aufs Wasser; 4755 Pine Island Road NW, Cape Coral, FL 33993, Tel. +1 239 283 0616, *knollscourtwaterfrontmotel.com*
>
> **Websites:**
> - *leomalovegrove.com*
> - *fortmyers-sanibel.com*

40. Fort Myers: von Edisons Erfinderstube zu Fords Garage

Henry Ford (1863 bis 1947) war als Autobauer ein Pionier. Der Industrielle aber hat auch die Vorzüge eines Winteraufenthalts in Florida früh erkannt. Zunächst hat er seinen engen Freund Thomas Edison auf dessen Anwesen in Fort Myers besucht. Später folgte der Bau seines Traumhauses auf dem direkten Nachbargrundstück. Heute hält zudem eine kleine Burger-Kette das Autothema hoch.

Fassadenpracht in Fort Myers

Am Ostufer des Caloosahatchee River war zu Beginn des 20. Jahrhunderts eine geballte Ladung Kompetenz beheimatet. Schließlich gilt Thomas Edison (1847 bis 1931) als größter amerikanischer Erfinder aller Zeiten. Als solcher hatte er maßgeblichen Anteil an der Serienfähigkeit der Glühbirne, des Phonographs und des Elektrizitätszählers. Insgesamt gehen nicht weniger als 1093 Patente auf den Mann zurück.

Wie so viele seiner Zeitgenossen litt auch Edison unter gesundheitlichen Problemen, die der strenge Winter am Standort seines Laboratoriums in New Jersey weiter verschlimmerte. 1885 verbrachte der Erfinder daher erstmals Zeit in St. Augustine. Dabei machte er auch einen Ausflug in den Südwesten des Bundesstaates. Das heutige Fort Myers zählte damals nur wenige Hundert Einwohner und musste offiziell noch gegründet werden. Das aber hielt Edison nicht davon ab, ein reizvoll am Fluss gelegenes Gelände zu erwerben und sich dauerhaft so einzurichten, dass er auch hier seiner Arbeit nachgehen konnte.

1886 traf Edison erstmals mit dem noch jungen Henry Ford zusammen, den er dazu ermunterte, die Idee eines von Benzin angetriebenen Motors weiter zu verfolgen. Bis zur serienmäßigen Produktion des Ford Model T sollte es noch bis 1908 dauern. Währenddessen pflegten die beiden Erfinder ihre Freundschaft. 1913 lud Edison die Familie Ford erstmals zu einem Aufenthalt auf seinem Wintersitz an, was diesen zum Erwerb des erst kurz zuvor erschlossenen Nachbargrundstücks inspirierte. Davon profitierte nicht nur der Geist der beiden Pioniere, sondern auch ihre Gesundheit: Während Ford stolze 83 Jahre alt wurde, übertraf ihn Edison sogar noch um ein Jahr.

Art-déco-Juwel

Am Erfindungsort des Phonographen

Edisons Werkstatt

Ford ist überall.

Burger mit hoher Oktanzahl

Heute steht das gesamte Doppelanwesen Besuchern offen. Die Wohnräume der beiden Familien ermöglichen eine Reise zurück in jene Zeit, als Florida sich erst noch entwickeln musste und seine Gründerväter sich erste prachtvolle Paläste gönnten. Ihr neues Lebensumfeld feierten sie unter anderem durch die Anlage eines Botanischen Gartens mit rund 1000 verschiedenen Spezies. Unerreicht sind dabei die turmhohen Banyan-Feigen. Auch „Frickler" aber kommen auf ihre Kosten, weil Edisons Labor zugänglich ist und sowohl seine bekanntesten wie auch seine skurrilsten Erfindungen dort ausgestellt sind.

Keine zwei Kilometer entfernt prosperiert heute auch die lange Zeit schwächelnde Downtown von Fort Myers. Zwischen hübsch restaurierten Backsteinhäusern und einigen netten Geschäften hat sich auch „Ford's Garage" etabliert. Dabei handelt es sich um ein Lokal, das man auch als Luxuslimousine unter den Burger-Restaurants bezeichnen könnte. Versteht sich von selbst, dass sich passende Motive durch das gesamte Lokal ziehen: Bei den Türgriffen handelt es sich um Zapfpistolen, die Waschbecken sind in einen Autoreifen eingelassen – und unter der Decke hängt natürlich ein ausgedienter Oldtimer aus dem Hause Ford.

Auch das Essen kann sich sehen lassen: Die Burger tragen Namen wie „Model A" oder „High Octane" und werden auf Wunsch mit den vegetarischen Patties von Impossible Foods belegt. Davon unabhängig erhält jedes Brötchen ein dekoratives Brandzeichen. Dazu gibt es Craft Beer aus lokalen Brauereien.

> **INFO**
>
> **Lage:** 205 Kilometer südlich von Tampa; Edison & Ford Winter Estates: 2350 McGregor Boulevard, Fort Myers, FL 33901, Tel. +1 239 334 7419
>
> **Anfahrt:** über I-75 bis zur Ausfahrt 15B, nach Süden über US-41 bis Downtown Fort Myers, dort nach rechts auf US-867 bis zum Estate
>
> **Einkaufen:**
> - Lovegrove Gallery & Gardens: 4637 Pine Island Road NW, Matlacha, FL 33993, Tel. +1 239 938 5655, *leomalovegrove.com*
> - Island Visions: Weniger kontrovers ist dieser Laden, den die Betreiber als „Steampunk Gallery" bezeichnen; 4643 Pine Island RoadRoad NW, Matlacha, FL 33993, Tel. +1 239 282 0452, *islandvisions-timeless.com*
>
> **Öffnungszeiten:** täglich 9 bis 17:30 Uhr; für den Besuch der Attraktion sollte man zweieinhalb bis drei Stunden einplanen.
>
> **Eintritt:** Erwachsene 30 USD, Kinder 18 bis 23 USD
>
> **Restaurant:**
> - Ford's Garage: täglich 11 bis 23 Uhr, freitags und samstags bis 0 Uhr, So bis 22 Uhr; 2207 First Street, Fort Myers, FL 33901, Tel. +1 239 332 3673, *fordsgarageusa.com*
>
> **Unterkunft:**
> - The Outrigger: nette Unterkunft direkt am Strand mit Pool und Tiki-Bar. Es kann allerdings auch mal etwas lauter zugehen; 6200 Estero Boulevard, Fort Myers Beach, FL 33931, Tel. +1 239 463 3131, *outriggerfmb.com*
>
> **Websites:**
> - *edisonfordwinterestates.org*
> - *fortmyers-sanibel.com*

41. Fifth Avenue in Naples: Millionäre auf dem Präsentierteller

Die Kleinstadt am Rande der Ten Thousand Islands dient als Sammelbecken für den konservativen Geldadel aus dem Mittleren Westen, der seinen Lebensabend unter Palmen verbringen möchte. In ihrer Einkaufsmeile reihen sich die Luxuskarossen aneinander. Ein wunderbarer Ort für Bordsteinvoyeurismus.

Seebrücke in Naples

Naples? Ist langweilig! Das ist auch unter Amerikanern eine weit verbreitete Meinung. Schließlich haben Statistiker der örtlichen Bevölkerung ein Durchschnittsalter von 62 Jahren attestiert. Außerdem ist die Millionärsdichte hier grotesk hoch. Und die gelten ja nicht gerade als die Kumpeltypen, mit denen man ungezwungen eine gute Zeit verbringen könnte.

In gewisser Weise also sind die Vorurteile über Naples nicht ganz falsch. Doch langweilig ist es hier ganz gewiss nicht. Das liegt auch an dem offen zur Schau gestellten Reichtum, der einen gewissen Voyeurismus provoziert. Zwischen Gulf Shore Boulevard und der Naples Bay stehen einige der teuersten Anwesen des Staates, über deren Wert die örtlichen Makler diskret schweigen. Auch kann es sehr inspirierend sein, mit einem Café Latte in der Hand unter Palmen zu sitzen und dabei die Leute zu beobachten. Und sei es nur um festzustellen, dass dieses Städtchen mehr ist als nur ein Golfküstenklischee.

Naples ist extrem begehrt. Nirgendwo in Florida wüten die Entwickler wohlbehüteter Seniorensiedlungen denn auch so heftig wie in den Suburbs des 22.000-Einwohner-Städtchens. Nur einen Steinwurf von den Sumpflandschaften der Everglades entfernt, tragen diese wohlklingende Namen wie Hacienda Lakes, Sierra Meadows oder Verona Walk. Von der Straße aus sieht man nicht viel mehr als die dazugehörigen Schilder, die meist auf einem Sockel verewigt sind, der an einen überdimensionierten Grabstein erinnert. Daneben steht dann eine Art toskanischer Pergola, die in Südflorida offensichtlich zum Baumarktsortiment gehört. Gelegentlich ergänzt ein kleiner Wasserfall das Portal zum artifiziellen Gesamtgebilde, das nur Bewohner und ihre Besucher betreten dürfen. Dafür sorgt ein Pförtner.

Reiche Amerikaner lieben diese Art von Sicherheit. Fast alle hier stammen ursprünglich aus dem Mittleren Westen, wo man gottesfürchtig ist und die Republikaner wählt. Das überträgt sich auf bemerkenswerte Weise auch auf das Leben in Naples – was einen

Naples ist berühmt für seine Paläste.

konservativen Hedonismus begünstigt. Am Abend fährt die High Society vor den glamourösen Restaurants der Fifth Avenue gerne auch schon mal im Rolls Royce vor, um anschließend auf dem breiten Bürgersteig beim Dinner die Abendgarderobe zur Schau zu stellen. Sollte es dabei einmal weniger als 20 Grad sein, stehen Batterien von Heizpilzen parat. Schließlich hat man daheim schon genug gefroren.

Tagsüber ist das Bild ein wenig anders. Bei meist makellosem Sonnenschein sitzen Seniorinnen und Senioren mit teilrenovierten Gesichtern und perfekten Frisuren in Begleitung ihrer Schoßhündchen im Schatten von Bismarck- oder Königspalmen, eine fast schon gespenstisch heile Welt, die man sich zuvor durch ein erfolgreiches Leben im garstigen Norden verdient hat. Auf den Bürgersteigen der Fifth Avenue und ihrer Seitenstraßen wird noch Zeitung gelesen. Smartphones hingegen sieht man kaum. Ein Paralleluniversum mit hohem Unterhaltungswert.

Teuer übrigens muss es dabei nicht zwangsweise zugehen. Die asiatischen Restaurants auf der Geldverschwendungsmeile sind bezahlbar. Der makellose Stadtstrand ist gar kostenlos. Er genügt höchsten Ansprüchen – nur die Brandung könnte etwas mehr Temperament haben. Sie erinnert an einen altersschwachen Millionär.

Müßiggang auf der Fith Avenue

DIE WESTKÜSTE

Gern gesehen: Luxusmarken aus Europa

INFO

Lage: 205 Kilometer nordwestlich von South Beach Miami

Anfahrt: I-95 nach Norden bis Fort Lauderdale, an der Kreuzung mit dem I-75 nach Westen bis zur Ausfahrt 105, über den Golden Gate Parkway nach Naples

Restaurants:
- Fifth Avenue Coffee Co. & 6th Street Diner: täglich 7 bis 21 Uhr, Freitag bis 22 Uhr; 599 5th Avenue S, Naples, FL 34102, Tel. +1 239 261 5757, *5th-avenue-coffee-co-6th-street-diner.business.site*
- Sushi Thai, täglich 11:30 bis 22 Uhr, freitags und samstags bis 23 Uhr, 898 Fifth Avenue, Napels, FL 34102, Tel. +1 239 430 7575, *sushithaitoo.com*

Unterkunft:
- Marco Island Lakeside Inn: Marco Island ist etwa 20 Minuten entfernt von Naples; im Sommer ab 139 USD pro Zimmer; 155 First Avenue, Marco Island, FL 34145, Tel. +1 239 394 1161, *marcoislandlakeside.com*

Hinweis: Anders als seine Bewohner ist die Stadt Naples jung, noch 1950 zählte sie weniger als 1500 Einwohner. Wie eine Zeitung berichtete, sollen innerhalb der Stadtgrenzen rund 12.000 Millionäre leben. Eine Nachfrage bei der örtlichen Dependance des Nobel-Maklers Engel & Völkers auf der Fifth Avenue allerdings ergab, dass Eigenheime hier bereits ab 350.000 Dollar zu haben sind.

Website: *naplesgov.com*

42. Ten Thousand Islands: per Flüsterboot zu den Pelikanen

Die am Rande der Everglades gelegene Inselgruppe verbreitet ein Gefühl der Unberührtheit und Wildnis. Ein Flüsterboot ermöglicht Passagieren die verantwortungsvolle Erkundung dieses sensiblen Biotops. Während sich viele seltene Tiere ganzjährig hier wohlfühlen, fliegt eine Spezies Jahr für Jahr ein, um dem Winter zu entfliehen.

Bootsanleger in Everglades City

Der Mensch neigt zur Übertreibung. Deshalb sollte es nicht verwundern, dass sich hinter dem großspurigen Begriff Ten Thousand Islands in Wahrheit nur einige Hundert Inseln verbergen. Diese reichen allerdings, um die westlichen Ausläufer der Everglades zu einem verwirrend vielschichtigen Gebiet zu machen.

Nur einen Steinwurf vom Festland entfernt, breitet sich ein unübersichtliches Geflecht aus kleinen bis sehr kleinen Inseln aus, deren Anordnungen nur Platz für verschlungene Wasserstraßen bietet. Die 10.000 Inseln sind den Everglades vorgelagert, gehören aber nur zum Teil zum gleichnamigen Nationalpark. Durch ihre recht große Entfernung zum Großraum Miami werden sie von den Besuchermassen weitgehend verschont.

Erste Anlaufstation ist Everglades City, dessen Name eine weitere maßlose Übertreibung darstellt. Wer die Siedlung erreicht, kann mit viel gutem Willen ein Dorf erkennen, dessen auffälligstes Bauwerk das strahlend weiße County House ist. Am Ortsrand befindet sich in unmittelbarer Nähe zum Meer eines von vier Besucherzentren der Everglades. Das Naturschutzgebiet ist durch die Bevölkerungsexplosion Floridas akut in seinem Fortbestand gefährdet. Trotz manch anderer Definition handelt es sich dabei eigentlich um einen extrem breiten, flachen und sehr langsam fließenden Fluss, der sein Wasser aus den unzähligen artesischen Quellen in Floridas Mitte und Norden bezieht.

Mit anderen Worten: Die Everglades sind nur dem Anschein nach eine Sumpflandschaft. Das aber ändert nichts daran, dass sie in weiten Teilen nur schwer zugänglich sind. Die vielen Besucher – mittlerweile sind es mehr als eine Million pro Jahr – knubbeln sich daher entlang der wenigen Straßen, wo die Parkplätze oftmals dem Ansturm nicht mehr gewachsen sind. Hinzu kommen noch jene Besucher, die nicht den Nationalpark aufsuchen, sondern außerhalb der Grenzen an Bord lärmender Airboats durch die sensible Flora und Fauna bürsten.

Doch zurück nach Everglades City, wo jede Art von Hektik weit weg scheint. Erfahrene Abenteurer können hier natürlich auf eigene Faust ins Kanu steigen. Kaum weniger erhaben ist eine Tour in einem Flüsterboot, dessen Kapitän respektvoll mit dem UNESCO-

Entspannte Tour durch die 10.000 Inseln

Biosphärenreservat umgeht. Schon kurz nach dem Start bekommen die Passagiere erste Tiere zu sehen. Mal sind es Schlangenhalsvögel (Aningha), dann wieder Fischadler (Osprey). Manchmal entschließen sich Delfine spontan dazu, das Boot zu begleiten – und auch Manatis fühlen sich in den flachen Gewässern wohl.

Weiße Pelikane auf einer Sandbank

Allgegenwärtig sind unterdessen die Mangrovenwälder, die bis vor 100 Jahren so vielen Küstenabschnitten Floridas als natürlicher Schutzwall gedient haben. Auch ermöglichen sie Jungfischen, aus den Fängen größerer Raubtiere zu bleiben. Die größte Attraktion ist eine Kolonie seltener weißer Pelikane, die es sich jedes Jahr von November bis April mit einer erheblichen Geräuschkulisse auf einer Sandbank gemütlich macht. Die Tiere zieht es aus nördlichen Gefilden in den warmen Südwesten Floridas. Wenn sich mehrere Hundert Pelikane auf engem Raum tummeln, ist dies ein erhabener Anblick. Allerdings verfügen die Tiere über einen Körpergeruch, der in der Masse recht intensiv ist.

> **INFO**
>
> **Lage:** 140 Kilometer westlich von South Beach Miami; Everglades National Park/Gulf Coast Visitor Center: 815 Oyster Bar Lane, Everglades City, FL 34139; Everglades Florida Adventures: 815 Oyster Bar Lane, S.R. 29, Everglades City, FL 34139 Tel.+1 855 793 5542
>
> **Anfahrt:** über US-836 und US-41 nach Westen bis zur Kreuzung mit US-29, dort nach Süden bis Everglades City, durch den Ort hindurch zum Gulf Coast Visitor Center
>
> **Öffnungszeiten:**
> - Everglades National Park: täglich 9 bis 16:30 Uhr, Mitte November bis Mitte April ab 8 Uhr
> - 90-minütige Bootstouren: täglich um 10, 12, 14, und 16 Uhr
>
> **Eintritt:** Tickets für die Bootstouren kosten 40 USD pro Person.
>
> **Restaurant:** City Seafood: 702 Begonia Street, Everglades City, FL 34139, Tel. +1 239 695 4700, cityseafood1.com
>
> **Hinweis:** Die Inseln sind mit Ausnahme von Chokoloskee unbewohnt. Das war früher anders: Die nunmehr verdrängten indigenen Völker Südfloridas waren hier über einen langen Zeitraum zu Hause.
>
> **Website:**
> - nps.gov/ever

Die Florida Keys

Sonnenuntergang auf Sunset Key

DIE FLORIDA KEYS

43. Key Largo: die „African Queen" ist im falschen Film
44. Turtle Hospital in Marathon: Reha für Schildkröten
45. Robbie's Marina: Scarface und die Salzwasserkrokodile
46. Bahia Honda State Park: Zug über das Meer
47. The Green Parrot: wo Hemingway von Elvis verprügelt wurde
48. Little White House: kleiner Bau mit großer Geschichte
49. Latitudes: echter Sonnenuntergang auf einer künstlichen Insel
50. Key Lime Bike Tours: Seemannsgarn im Sattel

DIE FLORIDA KEYS

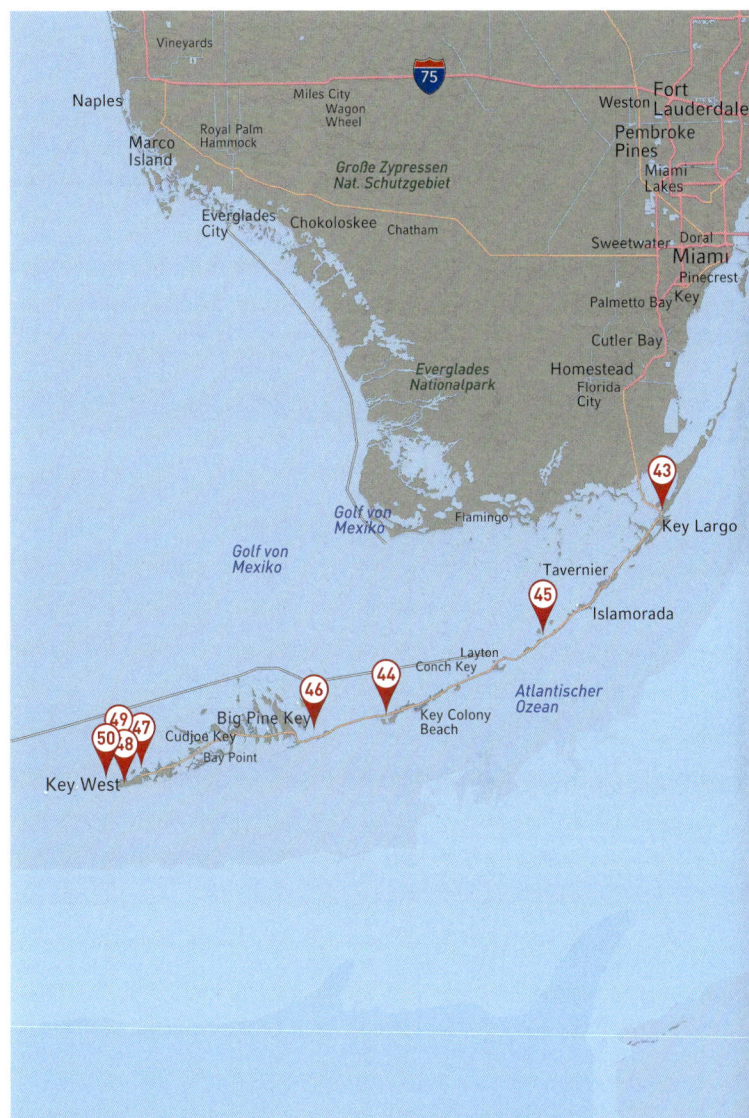

43. Key Largo: „African Queen" im falschen Film

Key Largo ist ein mythenumrankter Name. Das ist überwiegend auf einen legendären Gangsterfilm von John Huston aus dem Jahr 1948 zurückzuführen, in dem Lauren Bacall und Humphrey Bogart stilprägende Hauptrollen spielen. Mit der Realität von heute hat der Film nichts gemein. Eine eher unerwartete Verbindung mit dem männlichen Schauspieler aber ist vorhanden.

Legende aus dem Kino: die African Queen

Wer die Brücke vom Festland nach Key Largo zum ersten Mal überquert, dürfte sich ziemlich erschrecken – und das nicht etwa wegen der Schilder, die an Stränden und in State Parks vor Salzwasserkrokodilen warnen. Nein, Key Largo ist schlichtweg eine ziemliche Enttäuschung. Hauptgrund ist der Overseas Highway, der die Inseln bis nach Key West als vierspurig ausgebaute Schnellstraße miteinander verbindet. An seinen Seiten reihen sich Motels,

Hotels und ein paar Resorts aneinander, wo vor allem scheinbar völlig lärmimmune Amerikaner ihre Ferien verbringen. Dazwischen wechseln sich Fachgeschäfte für Tauch- oder Angelzubehör mit Fastfood-Ketten ab. Ein trostloser Anblick.

Dies aber ist nicht durchgängig so: Vor allem dort, wo die lang gezogene Koralleninsel etwas breiter ist, finden sich auch auf Key Largo schöne Flecken mit tropischem Flair. Doch mit dem geheimnisvollen tropischen Eiland aus dem Film hat Key Largo so gar nichts gemein. Das ist auch gar nicht verwunderlich, weil nur ein paar Außenaufnahmen auf dem Archipel gemacht wurden. Als Location diente der bis heute existierende Caribbean Club, der vor wenigen Jahren in der Netflix-Serie „Bloodline" ein Comeback als Drehort feierte.

Trotz aller Allüren dient der Caribbean Club in erster Linie als das, was die Amerikaner ein „Watering Hole" nennen. Eine Kneipe, die vornehmlich von Anwohnern angesteuert wird. Für Film-Freaks interessanter ist ein Requisit aus einem anderen Film von John Huston, der vordergründig überhaupt nichts mit den Florida Keys zu tun hat.

1951 hat der Regisseur den Film „African Queen" gedreht, in dem die Hauptrollen für Katharine Hepburn und abermals für Bogart reserviert waren. Die Handlung spielt fernab der Zivilisation im einem Landstrich, der als Deutsch-Ostafrika bekannt war und der im weitesten Sinne dem heutigen Tansania und Teilen von Burundi und Ruanda entspricht.

Während Hepburn als schrullige Missionarin für Heiterkeit sorgt, beglückt Bogart seine Fans mit der Paraderolle als raubeiniger Kapitän eines altersschwachen Kahns. Die Odyssee des ungleichen Paars endet nach einigen Irrungen und Wirrungen mit der Explosion des Schiffes.

Bei den Wrackteilen, die Hepburn am Ende des Films wohl aus dem Wasser zieht, handelt es sich freilich nur um billige Requisiten. Das kleine Dampfschiff hat sowohl die Dreharbeiten wie auch die nachfolgenden Jahrzehnte unbeschadet überstanden. Schon damals konnte es auf eine beachtliche Historie zurückblicken: Gebaut wurde es 1912, um fortan für die East Africa British Railway Company vorwiegend auf dem Nil in Uganda zum Einsatz zu kommen.

Als die „African Queen" 1968 ausgedient hatte, gelangte sie 1982 auf Umwegen nach Florida. Dort hat das Ehepaar Lance und Suzanne Holmquist das Boot anlässlich des bevorstehenden 100. Geburtstags umfassend restauriert. Seitdem ist es auf Key Largo für touristische Rundfahrten im Einsatz. Eine filmreife Geschichte.

Das Boot kann heutzutagee gemietet werden.

Wer sich für eine Tour entscheidet, gelangt ganz nebenbei zu den schöneren Flecken der malträtierten Insel. Der Parcours führt durch weit verzweigte Kanalsysteme. Anders als am Handlungsort des Films gibt es im Wasser zwar keine Blutegel, mit etwas Glück aber bekommen die Passagiere Haiflossen zu sehen.

> **INFO**
>
> **Lage:** 120 Kilometer südlich von South Beach Miami; African Queen/Calypso Sailing & Pirates Choice: 99701 Overseas Highway, Key Largo, FL 33037, Tel. +1 305 451 8080
>
> **Anfahrt:** ab Homestead über dieUS-1, die auf den Keys zum Overseas Highway wird
>
> **Öffnungszeiten:** 90-minütige Rundfahrten täglich um 10, 12, 14 und 16 Uhr
>
> **Eintritt:** Tickets für die Rundfahrten kosten für Erwachsene 59 USD, für Kinder 29,50 USD.
>
> **Restaurant:**
> - The Caribbean Club: täglich 7 bis 4 Uhr; 104080 Overseas Highway, Key Largo, FL 33037, Tel. +1 305 451 4466, *caribbeanclubkl.com*
> - The Fish House Restaurant & Seafood Market: gutes Lokal für frischen Fisch mit netter Crew und Plätzen unter freiem Himmel; täglich 11:30 bis 22 Uhr; 102401 Overseas Highway, Key Largo, FL 33037 ,Tel. +1 305 451 4665, *fishhouse.com*
>
> **Unterkunft:**
> - Kona Kai Resort: In diesem Resort ist der Charme des alten Key Largo erhalten geblieben. Nach Unterkünften in Wassernähe fragen! 97802 Overseas Highway, Key Largo, FL 33037, Tel. +1 305 852 7200, *konakairesort.com*
>
> **Hinweis:** Die Karibiksonne wirkt auf dem Wasser besonders intensiv. Sonnenmilch und Kopfbedeckung sind daher unverzichtbar.
>
> **Website:**
> - *africanqueenflkeys.com*

44. Turtle Hospital in Marathon: Reha für Schildkröten

Eine Ewigkeit lang haben die Amerikaner den Lebensraum der Meeresschildkröten eingeengt. Doch die Rücksichtslosigkeit schlägt langsam in eine bemerkenswerte Fürsorge um. Neuerdings dimmen die Bewohner von Küstenstreifen sogar in Städten das Licht für die sensiblen Tiere. In einer Einrichtung in Marathon werden verletzte Tiere auf den Wiedereintritt in die freie Wildbahn vorbereitet.

Könnte man noch mal von vorn beginnen, würde man vieles sicherlich anders lösen. Doch die Besiedlung Floridas ist nun einmal hoffnungslos ungeordnet vonstattengegangen. Abgesehen von den State Parks und den Sumpflandschaften an der Golfküste, sind die Küsten fast überall zugebaut. Der Lebensraum der sensiblen Meeresschildkröten wurde innerhalb von 100 Jahren fast komplett ausgelöscht.

Wo Schildkröten die Patienten sind.

DIE FLORIDA KEYS

Fünf verschiedene Spezies sind in den Gewässern Floridas beheimatet. Am weitesten verbreitet ist der sogenannte Loggerhead, der bis zu 90 Zentimeter lang und 125 Kilogramm schwer werden kann. Obwohl die Unechten Karettschildkröten, so die deutsche Bezeichnung, als eher langsame Schwimmer gelten, wurde einst ein markiertes Tier binnen elf Tagen sowohl vor der Küste von Melbourne (Florida) und Havanna (Kuba) gesichtet. Noch beeindruckender sind die Leatherbacks. Die bis zu 1,80 Meter langen und 700 Kilogramm schweren Tiere bevorzugen jedoch kühle Gewässer und suchen Florida daher nur sporadisch auf.

Als Florida noch mehr oder weniger unbesiedelt war, konnten sich die Tiere ihre Nistplätze in den meist nicht sonderlich hohen Dünen ungestört aufsuchen. Das ist von großer Bedeutung, denn Schildkrötenweibchen kehren zur Ablage ihrer Eier stets an ihren eigenen Geburtsstrand zurück. Um diesen zu finden, machen sie sich das Erdmagnetfeld zunutze.

Durch die teils brachiale Bebauung der vergangenen Jahrzehnte war der Raum für ihre Fortpflanzung bis vor wenigen Jahren fast vollständig verschwunden, wodurch die Bestände stark geschrumpft sind. Mittlerweile aber kultivieren selbst Miami und Fort Lauderdale größere Abschnitte ihrer Küsten wieder mit Dünen. Seitdem können die noch nicht geschlüpften Jungtiere sich wieder vielerorts entwickeln. Doch neben natürlichen Feinden wie Möwen und anderen Raubvögeln birgt auch die Zivilisation ihre Gefahren. So orientieren sich die Tiere nach dem Schlüpfen am Mondlicht, um ihren Weg in die Weiten des Ozeans zu finden. Allzu häufig sind sie dabei von künstlichem Streulicht abgelenkt worden. Um dies zu verhindern, dimmen die Amerikaner nun während der Brutsaison ziemlich konsequent alle Lampen. Sowohl auf den Straßen wie auch in den Wohnhäusern ist dann nur ein zaghaftes gelbliches Licht erlaubt.

Dennoch ist der Fortbestand der Schildkröten stark gefährdet. Das liegt auch an anderen Gefahrenquellen. Neben Viruserkrankungen sind es vor allem Angler und Bootskapitäne, die regelmäßig Tiere

Reintegration in die Natur lautet das Ziel.

verletzen. Daher kümmert sich auf halber Strecke von Miami nach Key West schon seit 1986 das Turtle Hospital um die Blessuren eingelieferter Patienten. Veterinäre führen hier zunächst Diagnosen durch. Falls erforderlich, werden die Tiere operiert, um anschließend wieder aufgepäppelt zu werden. Sobald sie für ausreichend kräftig befunden werden, können sie wieder in ihr natürliches Lebensumfeld entlassen werden.

All dies wird in der Pflegeeinrichtung kindgerecht aufbereitet und anschaulich erzählt. Besucher können sich über die Art der Verletzungen informieren, den Tiermedizinern bei der Arbeit zusehen, und einen Blick darauf werfen, wie die unterschiedlichen Arten sich in möglichst artgerechten Becken fortbewegen.

> **INFO**
>
> **Lage:** 200 Kilometer südwestlich von South Beach Miami; Turtle Hospital: 2396 Overseas Highway, Marathon (Mile Marker 48,5), FL 33050, Tel. +1 305 743 2552Highway, Key Largo, FL 33037, Tel. +1 305 451 8080
>
> **Anfahrt:** über US-1 durch Miami bis Homestead, danach über US-1 bis Marathon
>
> **Öffnungszeiten:** täglich 9 bis 18 Uhr, von 9 bis 16 Uhr Rundgänge mit einer kleinen fachlichen Einführung
>
> **Eintritt:** Erwachsene 27 USD, Kinder 13 USD
>
> **Aktivitäten:**
> - Dolphin Research Center: Das Center arbeitet nach einem ähnlichen Prinzip. Hier werden neben verletzten Delfinen auch Manatis und andere Meeressäuger kuriert; 17 Kilometer weiter östlich; dolphins.org
>
> **Hinweis:** Über 1500 Panzertiere konnten bereits in der Schildkröten-Reha vor dem sicheren Tod bewahrt und in wieder in die Freiheit entlassen werden. Um das richtige Habitat für die jeweilige Spezies zu finden, werden manche Tiere 80 Meilen westlich von Key West im Dry Tortugas National Park ausgesetzt.
>
> **Website:** *turtlehospital.org*

45. Robbie's Marina: Scarface und die Salzwasserkrokodile

Ein kleiner Schiffsanleger auf Lower Matecumbe Key hat es zu überregionaler Berühmtheit gebracht. Auslöser war ein ungewöhnlicher medizinischer Eingriff bei einem Wasserbewohner. Heute ist das Anwesen eine Mischung aus Hippie-Enklave und Spielplatz für Jung und Alt, der zugleich als Ausgangspunkt für aufregende Ausflüge dient.

Villa Kunterbunt auf den Keys

Kleine Abenteuer? Die gibt es noch auf den Florida Keys. Der Inbegriff hierfür ist Robbie's Marina. Anders als der Name andeutet, handelt es sich dabei nicht um einen Jachthafen oder etwas vergleichbar Schickes. Nein, wer sich von den Werbetafeln anlocken lässt, findet in unmittelbarer Nähe zum Overseas Highway auf Lower Matecumbe Key eine Villa Kunterbunt vor, die sich allen bekannten Kategorien entzieht.

Angefangen hat 1976 alles damit, dass Robbie und seine Frau Mona einen verletzten Tarpun im Wasser gesichtet haben. Der stattliche Knochenfisch hatte eine aufgerissene Wange, die mithilfe eines Arztes und einem bis dahin einmaligen Eingriff genäht werden konnte. Dies hat dem Patienten den Kosenamen „Scarface" beschert. Wieder in Freiheit ausgesetzt, ließ sich der Rekonvaleszent gerne bei der Nahrungsaufnahme behilflich sein. Mit anderen Worten: Robbie und Mona haben ihn auf den Stegen gefüttert und wieder aufgepäppelt.

Adler allerorten

Das ist den Artgenossen des Narbengesichts natürlich nicht verborgen geblieben. Seitdem kommen täglich mehrere Dutzend bis zu zweieinhalb Meter lange Tarpune zu dem Anwesen, die auch etwas von der leichten Beute abhaben möchten. Die Fütterung haben inzwischen Touristen übernommen, die einen kleinen Obolus dafür entrichten, die imposanten Geschöpfe mit Sardinen und anderen Schwarmfischen zu versorgen. Die künstliche Versorgung freilich entspricht nicht den natürlichen Abläufen der Nahrungskette. Darauf abzielende Nachfragen kontert das Personal mit dem Hinweis, dass die Tarpune sich keineswegs ausschließlich auf diese Form der Nahrungsaufnahme verlassen, sondern auch weiterhin individuell auf Jagd gehen. Außerdem müssten sie sich vor Ort gegen die gierigen Schlünde von Pelikanen durchsetzen, was einen gewissen Trainingseffekt habe.

Unabhängig von solcherlei Fragen hat sich rund um den kleinen Schiffsanleger eine Hippie-Enklave gebildet, deren Besucher allerlei Optionen haben. Zum Angebot etwa gehört eine geführte Kajaktour zur unberührten Nachbarinsel Lignumvitae Key. Nicht weniger spannend ist die selbstständige Erkundung der direkten Umgebung per Boot. Der Parcours beginnt auf einer kleinen Wasserstraße, an der einige mehr oder weniger repräsentative Hausboote festgemacht haben. Bald aber geht es in die Mangrovenwälder, die den gesamten Inselnorden prägen. Die dichte Vegetation bildet hier zunächst ein tunnelartiges Labyrinth, der nach einer Weile in einen azurblauen Fluss übergeht, um schließlich in einer ebenso weiten wie einsamen Lagune zu enden.

DIE FLORIDA KEYS

Fütterung erlaubt: Tarpune

Erst auf dem Rückweg kommen wieder einige Häuser in Sicht, die mitten in die Natur gebaut scheinen. Das hat seinen Preis, denn es kann schon mal vorkommen, dass es sich auf der Terrasse eines solchen Anwesens ein Salzwasserkrokodil von mehr als vier Metern Länge bequem macht. Einige Hundert dieser archaischen Tiere leben noch im Brackwasser der Keys. Ein beeindruckender Anblick, der aus gebührender Entfernung deutlich entspannter zu genießen ist. Auf engem Raum prallen hier nicht nur verschiedene Ökosysteme aufeinander, sondern auch Wildnis und Zivilisation. Darauf einen Drink in der Tiki-Bar.

Einsamkeit in den Mangroven

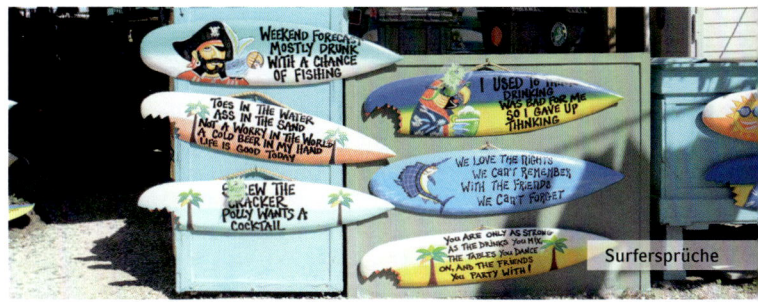

Surfersprüche

INFO

Lage: 150 Kilometer südwestlich von South Beach Miami, 120 Kilometer östlich von Key West; Robbie's Marina: Mile Marker 77.5, 77522 Overseas Highway, Islamorada, FL 33036, Tel. +1 305 664 8070

Anfahrt: über den Overseas Highway. Das Anwesen gehört technisch gesehen zum Ort Islamorada, befindet sich aber auf Lower Matecumbe Key.

Öffnungszeiten: täglich 7 bis 20 Uhr

Eintritt: Tarpun-Fütterung 2,25 USD, mit einem Eimer Fische zusätzlich 4 USD

Aktivitäten: Von Schnorcheln bis Paragliding gibt es eine breite Palette. Kajaks können stunden- oder tageweise ausgeliehen werden, die hier beschriebene Tour dauert etwa zwei Stunden, Angeltrips sind ab 45 USD zu haben.

Restaurant:
- Hungry Tarpon Restaurant: gehört zum Anwesen; täglich von 6:30 bis 21 Uhr

Unterkunft:
- Topsider Resort: Schnäppchen sind auf den Keys nicht zu machen. Auch das Resort ist hübsch, aber teuer; Milemarker 75.5, 75500 Overseas Highway, Islamorada, FL 33036, Tel. +1 305 664 8031, *topsiderresort.com*

Website: *robbies.com*

46. Bahia Honda State Park: Zug über das Meer

Der Eisenbahnmogul Henry Flagler hatte die Vision, eine Bahnlinie von Miami bis Key West durchzuziehen. 1912 war er selbst der erste Passagier. Dem aufwendigen Bauwerk aber war keine lange Lebenszeit vorbehalten. Im Bahia Honda State Park erinnern die Überbleibsel der alten Brücke auf schmerzhaft-schöne Weise an die Zeit, als die Bahn noch als Hoffnungsträger der Mobilität galt.

Seven Mile Bridge bei Bahia Honda

Als Mitgründer von Standard Oil hatte es Henry Flagler (1830 bis 1913) zu enormem Reichtum gebracht. In den späten 1870er-Jahren jedoch begannen er und seine gesundheitlich angeschlagene Gattin damit, ihre Winter in Florida zu verbringen. Flagler erkannte das touristische Potenzial, das der Bundesstaat durch den Bau von Eisenbahnlinien erlangen konnte. Er gründete die East Coast Railroad und begann mit dem Bau prunkvoller Hotels entlang der Route. Erst in St. Augustine, später in Palm Beach und Miami. 1904 reichten die

Heimat seltener Pflanzen

DIE FLORIDA KEYS

Blick von der Seven Mile Bridge auf Bahia Honda Key

Gleise bis nach Homestead am Rande der Everglades. Doch damit war Flagler nicht zufrieden. Er wollte seine Züge bis ans Ende des Kontinents schicken: nach Key West, das 1910 nach Jacksonville, Tampa und Pensacola die viertgrößte Stadt Floridas war.

Die Vorstellung von Zügen, die über das Meer fahren, sorgten vielerorts für Skepsis – und wenn nicht das, dann doch zumindest für Verwunderung. Das geflügelte Wort von „Flagler's Folly" machte die Runde. Doch vom Vorwurf des vermeintlichen Wahnsinns ließ sich der mittlerweile 75-Jährige nicht irritieren. Für ihn galt die Devise: Was denkbar ist, das ist auch machbar. Also beauftragte er seine Ingenieure mit der Ausarbeitung eines Plans.

Sieben Jahre danach war die Strecke fertig. Bis zu 4000 Arbeiter gleichzeitig hatten die Schienen über 206 Kilometer und 42 Brücken auf der Karibikinsel verlegt, was dem Unternehmer mehr als 50 Millionen Dollar wert war. Um den Bahnhof beherbergen zu können, ließ er eine künstliche Inselerweiterung bauen: Trumbo

Point. Als am 22. Januar 1912 der erste Zug hier eintraf, befand sich ein Bord ein alter, fast blinder, aber enorm stolzer Flagler.

23 Jahre lang sollten Züge zwischen dem Festland und Key West pendeln. Profitabel aber war die Strecke nie. Am 2. September 1935 schlug das Schicksal zu: Ein Hurrikan der höchsten Kategorie wütete im Süden Floridas, mehr als 400 Menschen starben. Auch das Brückenbauwerk über die Karibikgewässer sollte dem Sturm nicht standhalten: Rund 64 Kilometer wurden weggespült. Zwischenzeitlich hatte das Automobil der Bahn den Rang abgelaufen, weshalb beim Wiederaufbau die Schienen durch Straßen ersetzt wurden.

Das Ende einer Brücke: Seven Mile Bridge bei Bahia Honda Key

Der Glanz der Vergangenheit ist nirgendwo so schön zu bewundern wie im Bahia Honda State Park. Hier steht bis heute die alte Brücke, die Bahia Honda Key mit Spanish Harbour Key verbunden hat. Innerhalb des State Parks führt ein Weg zu dem Bauwerk. Bei näherem Hinsehen wird schnell deutlich, dass auch auf der gusseisernen Konstruktion die Schienen 1938 entfernt wurden, ehe die Brücke 1980 ganz ausgemustert und durch einen vierspurigen Highway ersetzt wurde. Doch damit war der schleichende Abstieg in die Bedeutungslosigkeit noch nicht abgeschlossen: Um größeren Schiffen die Passage zwischen den Inseln zu ermöglichen, wurde ein Stück der alten Straße entfernt. Seitdem klafft ein Loch in dem ehrwürdigen Bauwerk. Es ist durchaus fotogen – und doch kann es nostalgische Gefühle auslösen. Nach einer Zeit, als es noch Träume gab und das Reisen noch ein Abenteuer war. Diese werden davon bestärkt, dass auf der Insel ein Großteil der tropischen Vegetation verschwunden ist, als 2017 mit Hurrikan Irma abermals eine Katastrophe über die Region hereingebrochen ist.

> **INFO**
>
> **Lage:** 220 westlich von Miami Beach, 57 Kilometer östlich von Key West; Bahia Honda State Park: 36850 Overseas Highway, Tel. +1 305 872 2353
>
> **Anfahrt:** über den Overseas Highway (Highway 1)
>
> **Öffnungszeiten:** täglich von 8 Uhr bis Sonnenuntergang
>
> **Eintritt:** 8 USD pro Fahrzeug
>
> **Aktivitäten:** Neben Bade- und Wandermöglichkeiten ist Bahia Honda Ausgangspunkt für Schnorcheltouren zum Korallenriff, z. B. mit
> - Looe Key Snorkeling Tours: Erwachsene 30 USD, Kinder 25 USD, Tel. +1 305 872 3210, *bahiahondapark.com*
>
> **Hinweis:** Bahia Honda Key ist unbewohnt und steht komplett unter Naturschutz. Auf der Insel wachsen einige Pflanzen, die kaum an anderen Orten vorkommen, darunter die Key Thatch Palm (Leucothrinax morrisii). Die Insel verfügt über Sandstrände und flache Badegewässer.
>
> **Website:** *floridastateparks.org/BahiaHonda*

47. The Green Parrot: wo Hemingway von Elvis verprügelt wurde

Vergessen Sie „Sloppy Joe's". Das wahre Key West lebt in einer anderen Bar, die den liberalen Zeitgeist früherer Jahrzehnte in die Gegenwart übertragen hat. Das Etablissement wird sowohl für seine seriöse Livemusik wie auch für seine weniger ernst gemeinten Events geschätzt.

Bis heute sind Ernest Hemingway und seine regelmäßigen Barbesuche ein beliebtes Gesprächsthema auf Key West. Tatsächlich hat sich der führende Abenteurer des 20. Jahrhunderts um die Karibikinsel verdient gemacht. Er lebte von 1931 bis 1939 in einer prächtigen Villa an der Whitehead Street, die er nicht selbst bezahlt hatte. Viel mehr war das 1851 erbaute Domizil das Geschenk eines Onkels von „Papas" zweiter Ehefrau Pauline Pfeifer.

Partyhochburg der Einheimischen

Livemusik ist Standard im Green Parrot.

Heute ist das ehemalige Wohnhaus zu Recht eine der größten Attraktionen der Keys. Wer das Anwesen besucht, wird in ein Zeitalter versetzt, das anfangs noch ohne fließend Wasser und Elektrizität auskommen musste. Das hielt die Hemingways nicht davon ab, sich hier einen Pool haben bauen lassen, der mit Meerwasser gefüllt wurde. Schriftsteller und andere Celebrities kamen zuhauf, um es sich hier gutgehen zu lassen. Vor allem an die Pool-Partys mit Blick auf einen Sternenhimmel, der nicht von künstlichen Lichtquellen beeinträchtigt war, erinnerten sich die Besucher mit Begeisterung.

Auch Hemingways in einem Seitentrakt gelegenes Arbeitszimmer ist einen Blick wert. Immerhin hat der spätere Nobelpreisträger hier mit „Schnee auf dem Kilimandscharo", „Das kurze, aber glückliche Leben des Francis Macomber" und „Haben und Nichthaben" einige der besten Texte seiner mittleren Schaffensphase geschrieben. Das ändert aber wenig daran, dass fast jeder an „Sloppy Joe's" denkt, sobald von Hemingway und Key West die Rede ist.

Nachdem das Lokal Ende 1933 in der Greene Street 428 eröffnet hatte, löschte der bereits ziemlich bekannte Schriftsteller hier stets seinen nicht unerheblichen Durst. Seit Ende 1937 jedoch befindet sich das Lokal in der Duval Street, wo es als Abfüllstation für Billigtouristen dient, die ihre Drinks aus Plastikbechern konsumieren und dabei mittelmäßigen Bluesrockern zuhören. Obwohl die Bar einen guten Teil ihres Umsatzes mit dem Verkauf von Hemingway-Memorabilien macht, gibt es keinerlei Beweise, dass der Autor sich jemals hier hat blicken lassen.

Während sich der Neon-Schriftzug und der Kolonialbau durchaus als Fotomotive für Besucher eignen, meiden die Einheimischen „Sloppy Joe's" konsequent. Sie bevorzugen aus gutem Grund den „Green Parrot", der etwas versteckt auf halber Strecke vom Hafen zu Hemingways ehemaligem Wohnhaus liegt. Hier kommen die verbliebenen Abenteurer unserer Zeit mit geselligen Bewohnern der Insel zusammen, um frei von Konventionen und unbeobachtet ihre Abende zu verbringen.

Bunter als Sloppy Joe's

Während an der Decke die Ventilatoren ihren aussichtslosen Kampf gegen die unbarmherzig schwüle Luft führen, treten Abend für Abend Bands auf. Mal Funk, dann wieder Bluegrass. Legendär sind die Ukulelen-Nächte, die hier in unregelmäßigen Abständen auf dem Kalender stehen.

An einer der Wände ist eine Plakette befestigt, die auf ein Ereignis vom 9. Juni 1957 verweist. Hierauf ist zu lesen: „Elvis Presley slapped Hemingway here". Bevor sich nun irgendjemand die Blöße gibt, dies nachzurecherchieren: Die Behauptung ist natürlich haarsträubender Unsinn. Doch sie zeigt, dass man dem Hemingway-Hype auch mit Humor begegnen kann. Der fand seinen Höhepunkt, als die fiktive Szene anlässlich ihres 50. Jahrestages nachgestellt wurde.

INFO

Lage: am Rande von Historic Key West, 260 Kilometer südwestlich von South Beach Miami; The Green Parrot: 601 Whitehead Street, Key West, FL 33040, Tel. +1 305 294 6133; zum Unternehmen gehört auch ein gut sortierter Liquor Store: 609 Southard Street

Anfahrt: über den Overseas Highway bis Key West, dort Truman Avenue bis Whitehead Street

Öffnungszeiten: täglich 10 bis 4 Uhr

Aktivitäten:
- Hemingway Lookalike Contest im Sloppy Joe's: Bei allem, was sich gegen den Trubel bei Sloppy Joe's sagen lässt, so organisiert das Lokal mit dem Hemingway Lookalike Contest eine der lustigsten Veranstaltungen. Jedes Jahr Ende Juli konkurrieren Möchtegern-Hemingways auf Key West um den Titel des authentischsten Doppelgängers; Montag bis Samstag 9 bis 4 Uhr, Sonntag 12 bis 4 Uhr; 201 Duval Street, Key West, FL 33040, Tel. +1 305 294 5717, *sloppyjoes.com*
- Hemingway Home: täglich 9 bis 17 Uhr; Erwachsene 16 USD, Kinder 6 USD; 907 Whitehead Street, Key West, FL 33040, Tel. +1 305 294 1136, hemingwayhome.com

Unterkunft:
- Kimpton Winslow's Bungalows: 725 Truman Avenue, Key West, FL 33040, Tel. +1 305 294 5229, *kimptonkeywest.com/key-west-hotels/winslows-bungalows*

Website: *greenparrot.com*

48. Little White House: kleiner Bau mit grosser Geschichte

Als Bühne für die große Politik gelten die Florida Keys trotz ihrer brisanten Nähe zu Kuba wahrlich nicht. Ein Präsident der Vereinigten Staaten von Amerika wusste wegen einer chronischen Erkrankung das milde Klima von Key West zu schätzen. Auf der örtlichen Marinebasis hat er einen erstaunlichen Anteil seiner Amtszeit verbracht.

Nach dem Tod von Präsident Franklin Delano Roosevelt kurz vor Ende des Zweiten Weltkriegs musste dessen Vize Harry S. Truman die Amtsgeschäfte übernehmen. Am 12. April 1945 wurde der Demokrat gemäß der Verfassung vereidigt. Nach der deutschen Kapitulation am 8. Mai desselben Jahres musste Truman sofort schwerwiegende Entscheidungen treffen. So wurde beim Treffen mit Churchill und Stalin Deutschland in vier Zonen aufgeteilt.

Mitte Juli schließlich wurde Truman darüber unterrichtet, dass das sogenannte Manhattan Project zur Entwicklung von Atombomben zum erwünschten Erfolg geführt hatte. An der pazifischen Flanke des Krieges waren die Auseinandersetzungen auch zu diesem Zeit-

Palmenallee auf der ehemaligen Marinebasis

Das weiße Haus von Key West

punkt noch nicht beendet. Nicht zuletzt, weil der Schmerz der Amerikaner über den Angriff auf Pearl Harbor am 7. Dezember 1941 noch immer tief saß, ordnete Truman den Abwurf von Nuklearwaffen über Japan an. 155.000 Menschen starben vor Ort, weitere 200.000 an den unmittelbaren Folgen.

Dies alles ist an Truman nicht spurlos vorübergegangen. In der zweiten Hälfte von 1946 war der Präsident gesundheitlich so angegriffen, dass sein Arzt ihm einen Aufenthalt im Süden verordnete. Zunächst versuchte sich der Patient an einem Segeltörn zu den Bermudas, doch die raue See machte jeden Erholungseffekt zunichte. Bald brachte ein Berater die Marinebasis auf Key West ins Spiel, die 1823 ursprünglich eingerichtet worden war, um den vielen Piraten das Handwerk zu legen. Auf dem Anwesen befand sich ein Haus, das per Definition vom Präsidenten genutzt werden durfte. Somit war die Entscheidung schnell gefallen.

Am 17. November 1946 kamen Truman und seine Frau zum ersten Mal auf Key West an. Zwar gehören eine Veranda, ein Kartentisch und eine Bar zu dem Haus, ansonsten aber ist es vergleichsweise bescheidenen. Das aber störte den mächtigsten Mann der Welt nicht. Bis 1952 kehrte Truman insgesamt zehn Mal zurück, wobei seine Aufenthalte manchmal mehr als einen Monat dauerten. Als Truman am 27. März 1952 abreiste, hatte er stolze 175 Tage seiner

Historischer Ort am Ende der Welt

beiden Amtszeiten in jenem Domizil verbracht, das dank seines Anstriches den Kosenamen „Little White House" erhielt.

Bis heute scheinen die Räumlichkeiten so, als könne der Präsident abermals zurückkehren. Bei einer Führung erfahren Besucher zudem, dass Truman sich auf Key West nicht nur wegen des warmen Klimas wohlgefühlt hat. Nein, fernab von Washington konnte er das Amt abstreifen und sich wie ein gewöhnlicher Amerikaner präsentieren, der karibische Kleidung und das Hochseeangeln schätzte. Auch den Menschen auf der Straße begegnete er offenherzig, weshalb man ihn auf Key West auch als „Truman the Human" bezeichnete. Der Präsident erwiderte die Zuneigung mit den Worten, dass Key West sein zweitliebster Ort auf Erden sei, lediglich sein Heimatort in Missouri sei noch tiefer in seinem Herzen verankert.

Die Liebe war mit dem Ende der Amtszeit nicht vorbei: Truman sollte seinen einstigen Zweitwohnsitz fünf weitere Male aufsuchen. Bis heute befinden sich Bücher und andere persönliche Gegenstände in dem Haus, darunter ein Schild mit der Aufschrift „I am from Missouri".

> **INFO**
>
> **Lage:** Die Anlage befindet sich mitten im alten Zentrum von Key West, 260 Kilometer südwestlich von South Beach Miami; Truman Little White House: 111 Front Street, Key West, FL 33040, Tel. +1 305 294 9911
>
> **Anfahrt:** über den Overseas Highway bis Key West, dort Truman Avenue bis Whitehead Street
>
> **Öffnungszeiten:** Führungen täglich etwa alle 20 Minuten von 9 bis 16:30 Uhr
>
> **Eintritt:** Erwachsene 225 USD, Kinder 11 USD, online jeweils 2,50 USD preiswerter
>
> **Unterkunft:**
> - Kimpton Ridley House: 601 Caroline Street, Key West, FL 33040, Tel. +1 305 294 6969, *kimptonkeywest.com/key-west-hotels/ridley-house*
>
> **Hinweis:** Auch die Präsidenten Eisenhower, Kennedy und Clinton verbrachten einige Tage auf der Marinebasis. Das Little White House dient seit 1991 als zeitgeschichtliches Museum, in dem einige Kapitel Weltgeschichte geschrieben wurden. Unter anderem fanden hier 2001 die Friedensgespräche zwischen Aserbaidschan und Armenien statt. Wenn ein Präsident sein Interesse anmeldet, stehen ihm die Pforten weiterhin offen. Die Marinebasis wurde unterdessen weitgehend in eine luxuriöse Wohnanlage umgewandelt, die nun den Namen Truman Annex trägt.
>
> **Website:** *trumanlittlewhitehouse.com*

49. Latitudes: echter Sonnenuntergang auf einer künstlichen Insel

Auf dem Mallory Square zwischen Jongleuren und Feuerspuckern den Sonnenuntergang genießen? Kann jeder! Eleganter ist es, dem täglich wiederkehrenden Schauspiel in einem Restaurant beizuwohnen, das sich auf einer vorgelagerten Insel befindet und seine Tische vorzugsweise auf dem Strand postiert.

Premiumplatz auf der Resort-Insel

Key West war lange das westlichste bewohnte Eiland der Florida Keys. Doch das ist Geschichte, denn mittlerweile hat Sunset Key diese Rolle übernommen. Einen schöneren Namen als „Insel des Sonnenuntergangs" könnte sich ein Investor kaum ausdenken – und so darf es denn auch nicht wundern, dass es tatsächlich ein Touristikunternehmer war, der Sunset Key in seiner heutigen Form verantwortet.

Doch der Reihe nach, denn der elf Hektar große Flecken Land weist eine bemerkenswerte Geschichte auf. Er wurde 1965 unter dem Eindruck des Kalten Krieges künstlich aufgeschüttet, um fortan als Treibstofflager der nahen Marinebasis zu dienen. Anschließend war das Eiland für einige Zeit auf den Karten als Tank Island eingezeichnet. Ursprünglich sollten hier zwölf große Treibstoffreservoirs errichtet werden, wovon jedoch nur zwei realisiert wurden. Wohl aber wurden unterirdische Versorgungsleitungen zur Befüllung und Entnahme angelegt.

1986 änderte die Marine ihre Pläne und beschloss, sich von Teilen ihrer Besitztümer auf Key West zu trennen. Ein wohlhabender Unternehmer erkannte das touristische Potenzial und beantragte eine Namensänderung. Acht Jahre danach wechselte das Anwesen abermals den Besitzer. Seitdem gehört es demselben Eigentümer wie das Resort Margaritaville an der südlich von Mallory Square gelegenen Marina.

Talentierten Golfern könnte es gelingen, von hier aus einen Ball hinüber auf die Insel zu schlagen. Doch das Einsammeln könnte schwierig werden, da Sunset Key nunmehr ein Privatresort für Gutbetuchte ist, das einzig per Shuttle-Fähre zugänglich ist. Eine Möglichkeit allerdings gibt es sehr wohl, denn auf der Insel residiert das Restaurant Latitudes. Wer dort reserviert, wird auf der Gästeliste eingetragen, die dem Fährkapitän vorliegt.

Überfahrt von Key West

Obwohl sie keine fünf Minuten dauert, ist schon die Überfahrt ein kleines Erlebnis. Sie endet an einem Anleger, der zu einem kleinen Tropentraum geleitet: Die Insel ist mit einem Sandstrand gesegnet und von Palmen und Bougainvilleas bewachsen. Knapp 50 Villen bürgen hier in sicherem Abstand zum betriebsamen Key West für gediegene Ruhe. Die meisten von ihnen können über die Homepage von Sunset Key Cottages gebucht werden.

Romantisches Dinner im Sonnenuntergang

Seine richtige Faszination entfaltet die Kunstinsel erst beim Diner im Latitudes. Das Restaurant bittet wahlweise in klimatisierten Räumen oder direkt auf dem Strand zu Tisch. Je nach Jahreszeit und Essensrhythmus fällt das Mahl mit dem Sonnenuntergang zusammen. Nach einem gepflegten Cocktail kommen überwiegend Fisch und frische Meeresfrüchte mit karibischer Note aus der Küche. Wie wäre es etwa mit einem Lobster-Krebs-Küchlein in Mango-Habenero-Sauce als Vorspeise?

Auch die Weinkarte kann sich sehen lassen. Wer mag, kann sich den kalifornischen Vorzeigewein Opus One für schlappe 425 Dollar bestellen. Doch es geht eben auch weniger teuer: Eine Flasche Riesling aus Deutschland ist bereits für 40 Dollar zu haben. Eine ähnliche Preisgestaltung übrigens gilt für das gesamte Restaurant. Es ist hochpreisig und die Karte enthält immer mal wieder einen Posten, der Millionäre zur Verschwendung ihres Geldes animieren könnte, aber das Latitudes ist nicht maßlos teuer. Es eignet sich für romantische Augenblicke – und auch die Rückfahrt auf dem Boot ist im Preis inbegriffen.

> **INFO**
>
> **Lage:** Die Anlage befindet sich mitten im alten Zentrum von Key West, 260 Kilometer südwestlich von South Beach Miami; Latitudes: Sunset Key, Abfahrt der Fähre beim Margaritaville Key West Resort & Marina, 245 Front Street, Key West, FL 33040, Tel. +1 305 292 5300
>
> **Anfahrt:** über den Overseas Highway bis Key West, dort Truman Avenue, nach rechts in die White Street, nach links in die Eaton Street, rechts in die Grinnell Street bis City of Key West Old Town Garage: 300 Grinnell Street, max. 32 USD pro Tag, weiter ausschließlich per Fähre (s. o.)
>
> **Öffnungszeiten:** täglich 11 bis 14:15 Uhr und 17 bis 22 Uhr, freitags und samstags bis 23 Uhr
>
> **Unterkunft:**
> - Sunset Key Cottages: ab einem Preis von 1000 USD pro Nacht
>
> **Website:** *sunsetkeycottages.com/key-west-restaurants/latitudes*

50. Key Lime Bike Tours: Seemannsgarn im Sattel

Das Fahrrad ist das mit Abstand beste Transportmittel zur Erkundung von Key West, schließlich ist die Insel keine 14 Quadratkilometer groß. Bei einer geführten Tour erzählen alte Haudegen allerlei abenteuerliche Anekdoten über die entlegene Insel. Besonders interessant sind die Ausflüge aber auch, weil jeder Guide andere Geschichten erzählt.

Key West mag klein sein. Doch als ehemaliges Piratennest, das später zum bevorzugten Aufenthaltsort für allerlei bunte Vögel aller Art werden sollte, mangelt es nicht an wilden Geschichten. Seit einiger Zeit stehen die Schönen und Reichen des gesamten Kontinents Schlange, um hier ihre Winter zu verbringen, was auch den einen oder anderen Schwank garantiert.

Das Fahrrad ist perfekt für Key West.

Radler umgehen den Andrang auf dem Bürgersteig.

Ziemlich gut im Bilde sind die einheimischen Originale, die im Auftrag von Key Lime Bike Tours Fahrradtouren begleiten. Los geht es meist um 9 oder 10 Uhr morgens, weil die Temperaturen für die muskelbetriebene Fortbewegung sonst zu sehr in die Höhe schnellen. Vom Depot in der Ann Street beim Hafen wird zunächst der offizielle Startpunkt des Highway 1 angesteuert. Die entsprechende Markierung darf in keiner Selfie-Sammlung fehlen.

Mit ein wenig Glück wird der Tourguide bereits an der Hafenmole ein wenig geschwätzig. Ein Mitglied der Belegschaft erinnert sich nicht ungern an die Zeit weit vor Barack Obama, als es amerikanischen Staatsbürgern untersagt war, das Territorium des kommunistischen Nachbarstaates zu betreten. Captain Craig wusste diesen Umstand in den 1980er- und 1990er-Jahren geschäftstüchtig auszuschlachten, indem er sein hochseetaugliches Boot zu Überfahrten anbot, um in bester Hemingway-Manier zwischen den Häfen von Key West und Havanna hin und her zu pendeln. Den Zoll konnte er seinerzeit durch das Mitführen landestypischer Naturalien besänftigen: Eine Kiste Zigarren tat Wunder.

Auch Hemingway selbst bietet heute noch Stoff für Seemannsgarn. Seien es die Nachfahren seiner mit sechs Zehen ausgestatteten Katzen, die auf dem ehemaligen Familienanwesen für Freude sorgen, oder die Gaststätte Blue Heaven, in deren Innenhof sich der Schriftsteller mit anderen Gockeln zum illegalen Hahnenkampf getroffen hat.

Insider-Tipp: Blue Heaven

So geht das in einer Tour weiter bis zum Southernmost Point. Dahinter verbirgt sich eine Art Meilenstein, der den angeblich südlichsten Punkt der Vereinigten Staaten markiert. Diese Behauptung allerdings entpuppt sich schon auf den ersten Blick als blanker Unsinn, ragt doch die ehemalige Militärbasis für das bloße Auge sichtbar weiter in das Karibische Meer hinein. Die Kreuzfahrer, die auf Key West einen mit Alkohol gefüllten Plastikbecher mit sich führen dürfen, stört es wenig. Sie nippen in der Warteschlange für das Erinnerungsfoto geduldig an ihrem Drink. Irgendwie muss man die Zeit ja totschlagen.

Weiter geht es durch ein gepflegtes Villenviertel, dessen üppige Begrünung ein wahres Wunder ist. Schließlich sind die Keys Koralleninseln mit einer maximal 100 Zentimeter dicken Erdschicht. Der Friedhof befindet sich unterdessen an der höchsten Stelle der Insel, schließlich befinden wir uns im Einzugsgebiet von Hurrikanen, die mit verheerenden Überschwemmungen einhergehen können. So werden nicht nur die Gräber der Toten geschützt, sondern auch ihre Grabsteine, die, so viel sei verraten, mit so manchen skurrilen Inschriften versehen sind. Welche während der Tour thematisiert werden, hängt vom jeweiligen Guide ab. Das beste dabei ist: Jeder einzelne erzählt eine andere Geschichte. So wie es sich gehört in einem ehemaligen Piratennest.

Captain Craig in Aktion

INFO

Lage: Der Startpunkt befindet sich mitten im alten Zentrum von Key West, 260 km südwestlich von South Beach Miami; Key Lime Bike Tours: 122 Ann Street, Key West, FL 33040, Tel. +1 305 340 7834

Anfahrt: über den Overseas Highway bis Key West, dort weiter auf der Truman Avenue, nach rechts in die Duval Street bis zur Greene Street, dort rechts und gleich wieder links in die Ann Street. Parken in der Key West Old Town Garage: 300 Grinnell Street, max. 32 USD pro Tag

Öffnungszeiten: Touren je nach Jahreszeit um 9 oder 10 Uhr, an ausgesuchten Tagen vor allem im Winter auch um 14 Uhr

Eintritt: Tickets kosten 45 USD, die Touren dauern zweieinhalb bis drei Stunden.

Restaurant: Im Preis inbegriffen ist ein Stück Kuchen bei der benachbarten Key West Key Lime Pie Co., die das weithin beliebte Gebäck auch zum Mitnehmen anbietet; *keylimepieco.com*

Website: *keylimebiketours.com*

UMWELTFREUNDLICH UND NACHHALTIG DURCH FLORIDA

Machen wir uns nichts vor: Wer nach Florida reist, wird unweigerlich einen ökologischen Fußabdruck hinterlassen. Wie groß dieser ausfällt, liegt jedoch sehr wohl in unserem Einflussbereich – und wer seine persönliche Umweltbilanz aufbessern möchte, muss sich keineswegs in Verzicht üben oder gar freudlos leben. Viel mehr können auch Kleinigkeiten einen Unterschied machen. An dieser Stelle möchten wir einige davon vorstellen.

DER FLUG
Erhebliche Auswirkungen auf die persönliche CO_2-Bilanz hat bereits die Wahl des Flugs. Dabei brauchen wir gar nicht in die Thematik einzusteigen, welcher Flugzeugtyp am wenigsten Kerosin verbraucht, denn die Airlines können den eingesetzten Jet kurzfristig ändern. Wohl aber haben wir Einfluss auf die absolvierten Flugkilometer: Wer zum Beispiel eine Reise von Deutschland nach Miami bucht, kann aus verschiedenen Strecken auswählen.

Die Airline-Logik gibt dabei oftmals vor, dass ein Flug mit Zwischenstopp deutlicher günstiger als ein Direktflug ist. Man denke etwa an eine Verbindung, die von Frankfurt erst nach Atlanta und von dort nach Miami führt. Diese Art der Anreise dauert je nach Umsteigezeit mehrere Stunden länger und ist zudem stressiger. Weil aber Zeit Geld ist, berechnen die Fluglinien für den bequemeren Nonstop-Flug einen Aufschlag, der mehrere Hundert Euro betragen kann. Budgetbewusste Passagiere geben dieser Versuchung nach – und tragen so zu einer völlig unnötigen Mehrbelastung bei. Davon abgesehen setzten sie sich dem Risiko aus, den Anschlussflug zu verpassen, denn Verspätungen gehören im amerikanischen Luftraum leider zum Alltag.

Wer seinen ökologischen Fußabdruck zusätzlich verkleinern möchte, hat darüber hinaus bekanntlich die Möglichkeit, eine Kompensationszahlung zu leisten. Organisationen wie Atmosfair (*atmosfair.de*) oder My Climate (*myclimate.org*) fördern mit dem

Geld Klimaschutzprojekte, die den Ausstoß von Treibhausgasen vermindern.

DER MIETWAGEN

Einen umweltfreundlichen Wagen zu mieten, ist einfach und schwierig zugleich. Das fängt damit an, dass die meisten Anbieter sich nicht darauf festlegen möchten, welches Fahrzeug man buchen kann. Stattdessen muss sich der Kunde mit der recht vagen Angabe einer Fahrzeugklasse zufriedengeben. Der gesunde Menschenverstand gibt dabei vor, dass ein Kleinwagen weniger fossile Brennstoffe benötigt als ein SUV oder ein Sportwagen mit großem Hubraum. Auch ist es so, dass ein Wagen mit Kupplung sparsamer ist als ein Automatik. Allerdings hat die letztgenannte Art von Getrieben in den USA fast ein Monopol. Doch zurück zu der Unsicherheit bezüglich des konkreten Fahrzeugtypen: Wer in Florida seinen Mietwagen abholt, kann am Schalter nicht selten aus mehreren Wagen auswählen. Ein kurzer Blick auf einschlägige Webseiten (etwa „ADAC die sparsamsten Autos aller Klassen" eingeben) kann den Unterschied machen – fürs Budget, aber auch für die Schadstoffbilanz.

DIE UNTERKÜNFTE

Immer mehr Hotels und andere Unterkünfte versuchen, sich durch Umweltfreundlichkeit und Nachhaltigkeit von der Konkurrenz abzuheben. Das beginnt mit Kleinigkeiten, die heute fast selbstverständlich geworden sind: Die Vermeidung von Einwegverpackungen für Shampoo, Duschgel und Lotion sowie Plastikbecher zum Zähneputzen. Auch ein eingeschalteter Fernseher zur Begrüßung der Gäste und ein auf 16 Grad heruntergekühltes Zimmer sind ebenso überflüssig wie sinnlos.

Hinzu kommen Einzelinitiativen, die einem bestimmten Ziel oder einem Thema folgen. So hat sich das Costa D'Este in Vero Beach (*costadeste.com*) an der Ostküste des Sunshine States dem überraschend ausgeprägten Trend in Florida angeschlossen, einen Beitrag zur Rettung des Lebensraums von Meeresschildkröten zu leisten. Durch die Reduzierung des Lichts am Strand sowie direkt an der Hotelanlage können Schildkröten ungestört nisten und Schildkrötenbabys finden besser den Weg zum Wasser. Außerdem spielt die Reduzierung von Plastikmüll und der Umstieg auf umweltfreundliche Alternativen eine große Rolle. Für seine Bemühungen wurde das Haus von der Tierschutzorganisation Coastal Connections offiziell als „schildkrötenfreundlich" zertifiziert.

Einen anderen Ansatz verfolgt das kleine Boutique-Hotel Deer Run on the Atlantic (*deerrunontheatlantic.com*) auf Big Pine Key. Neben einem freien Blick auf das Meer überzeugt das Haus durch die Verwendung ausschließlich biologischer Lebensmittel. Dabei ist die komplette Anlage bis hin zu Details wie Bettbezügen vegan. Für eine Rundfahrt am Strand oder einen kleinen Städtetrip stehen muskelbetriebene Verkehrsmittel wie Fahrräder und Kajaks bereit.

Das das Oyster Bay Boutique Hotel in Pensacola (*stayoysterbay.com*) setzt derweil konsequent auf die Förderung lokaler Unternehmen. Auch verwendet das zweistöckige Areal mit Meerblick geothermische Heiz- und Kühlsysteme. Das Wasser wird dank Ökofiltern aufbereitet und direkt recycelt.

Noch einen Schritt weiter geht das Farm-Resort Inn the Woods in Sebring (*inn-thewoods.com*). Das erklärte Ziel des Hauses lautet, mithilfe von Permakulturen und biologischen Methoden so viel wie möglich selbst anzupflanzen, um eine weitgehende Autarkie zu erreichen. Die Gäste können dabei selbst mit anpacken, indem sie den Hühnerstall ausmisten oder die Wachteln füttern. Dabei kommen Gemütlichkeit und Gemeinschaftssinn nicht zu kurz, denn auch Baumhäuser zum Schlafen, Lagerfeuerplätze und ein Schwimmteich stehen zur Verfügung.

WENIGER EINWEGMATERIAL

Ausgesprochen unschön in den USA: Ein Pfandsystem für Flaschen ist nur im Ansatz vorhanden. In der Praxis bedeutet dies, dass Getränke oft in Einwegverpackungen daherkommen. Schlechtestes Beispiel: Zwölf Liter Wasser, die auf 24 Plastikflaschen verteilt sind. Wer weniger Müll produzieren möchte, führt Mehrwegflasche oder -beutel mit und zapft sich sein Wasser dort, wo es verfügbar ist – wie etwa in vielen Hotellobbys. Dabei hilft der Trend, dass es immer mehr Wasser ohne Chlorzusatz gibt. Für Kaffeebecher gilt dasselbe: Viele Cafés füllen Latte, Americano und Konsorten auch in mitgebrachte (saubere) Mehrwegbecher um.

WENIGER FLEISCH

Zwar kann das eher konservative Florida in Sachen gesundheitsbewusster Ernährung nicht mit Kalifornien mithalten. Doch auch im Sunshine State werden die gesunden Alternativen zu Fleischküche und Fast Food immer zahlreicher. Das betrifft sowohl vegane oder vegetarische Gerichte auf den Speisekarten, die auch Karnivoren bedienen, wie auch Lokale, die ganz auf Fleisch oder Tierprodukte verzichten. Auch Kompositionen aus biologischen, saisonalen, regionalen oder schlicht „gesunden" Zutaten stehen vielerorts hoch im Kurs. Visit Florida (*visitflorida.com*) zum Beispiel hat eine Geschichte über angesagte Lokale dieser Art auf der Homepage („A Sampling of Vegetarian & Vegan Restaurants Across Florida"). Auf der Homepage von Happy Cow (*happycow.net*) gibt es darüber hinaus eine umfangreiche Liste mit Restaurants für Vegetarier und Veganer.

Wer gerne Fisch isst und sich einigermaßen sicher sein möchte, sich aus nachhaltigen Beständigen zu ernähren, sollte aus Floridas Speisekarten auf das Prädikat „Line caught" achten. Damit weisen die Lokale darauf hin, dass es sich um Fisch handelt, der von der Angel kommt – und nicht etwa aus Zuchten oder Dynamitfang.

In der Einkaufslandschaft geht der Trend in ebenfalls in Richtung Nachhaltigkeit und Qualität. Die größte Bio-Supermarktkette heißt Whole Food Store (*wholefoodsmarket.com*). Das Unternehmen ist seit 1980 auf dem Markt und betreibt in den USA mehr als 500 teils riesige Filialen. Seit 2017 allerdings gehört die Marke zu Amazon. Das mag die Lebensmittel nicht schlechter machen. Doch eine Alternative zu Großkonzernen wie Walmart ist Whole Food nicht mehr.

Gut also, dass auch Konkurrenz auch in kleinem Rahmen heranwächst. Man erkennt sich an Bezeichnungen wie „Organic grocery store" oder „Zero waste grocery store". Eine Liste von Biosupermärkten hält die Homepage von Green People (*greenpeople.org*) bereit. Märkte, die ohne Verpackungen auskommen, sind auf der Webseite von Litterless (*litterless.com*) aufgeführt. Wem es vorwiegend darum geht, nicht die großen Supermarktketten zu unterstützen, findet auch hervorragende unabhängige Geschäfte wie Bailey's auf Sanibel Island (*baileys-sanibel.com*).

TOURISTISCHE AKTIVITÄTEN

Blieben noch die Urlaubsaktivitäten, von denen viele alles andere als umweltschonend sind. Als Erstes fallen in dieser Hinsicht die hochmotorisierten Wasserfahrzeuge auf. In den Everglades (und anderen Naturschutzgebieten) firmieren diese als Air Boats. Dabei handelt es sich um Ponton-Boote, die mit einem Propellermotor mit bis zu 700 PS ausgestattet sind und die unter erheblicher Geräuschentwicklung durch die Wetlands bürsten. Dabei kommt es immer wieder zu Kollisionen mit Alligatoren, Manatis (Rundschwanzseekühen) und anderen subtropischen Lebewesen.

Mehr als 12.000 dieser Gefährte sind in Florida zugelassen, wobei es keinerlei Regulierungen gibt. Innerhalb der Grenzen des Nationalparks sind die Air Boats zwar verboten, doch daran halten sich nicht alle Betreiber. Auch ist das Verbot insofern irrelevant, als dass ein größerer Teil der Everglades gar nicht unter Schutz steht, ohne deshalb weniger sensibel zu sein. Weil es aufgrund von laxen Sicherheitsbestimmungen immer wieder zu tödlichen Unglücken bei Passagieren kommt (allein zwischen 2015 und 2018 sind laut der Tageszeitung „South Florida Sun Sentinel" bei 75 Unfällen

sieben Passagiere gestorben), sollte es keiner weiteren Argumente bedürfen, sich für andere Touren zu entscheiden. Eine Kanutour ist ohnehin deutlich schöner und erholsamer, wobei man keine Angst vor Alligatoren haben muss: Wenn die archaischen Reptilien nicht provoziert werden, zeigen sie kein Interesse an Menschen. Wer dennoch lieber auf einem Boot unterwegs ist, findet am Südzipfel der Everglades eine leise Alternative (*evergladesfloridaadventures. com*, passende Geschichte auf *boardingcompleted.me/2021/08/18/schoenste-bootstour-in-den-everglades-ten-thousand-islands*).

Umwelttechnisch noch bedenklicher sind Ausflüge auf einem Speedboat, wie sie neuerdings zum Beispiel durch den Hafen von Miami angeboten werden. Zwar mag es Spaß machen, mit 100 Sachen von dessen Außenbereiche aufs offene Meer und zurück zu brettern. Doch diese Boote werden von Schiffsschrauben angetrieben, was im Fall eines Zusammenstoßes mit einem Maniti (oder einem anderen Lebewesen) oft tödliche Verletzungen zur Folge hat. Auch hier aber gibt es eine wunderbare nachhaltige Alternative: Eine Kajaktour durch die Mangravon vor der Küste Miamis (*crandonpark.wordpress.com*, passende Geschichte auf *boardingcompleted. me/2021/02/24/paddeln-in-miami-key-biscayne-eco-adventure*).

Register

A

Adam's Country Store 123
African Queen (Boot, Film) 214 ff.,
Airboats 207
Alligatoren 107, 117, 125, 132, 184, 193, 251
Amelia Island 4, 118 ff.
Amerikanischer Bürgerkrieg 114 ff.
Apalachicola 16, 134 ff.
Apalachicola
   National Forest 135, 137
Art Basel Miami 4, 40
Art-déco 14, 30 ff., 35, 37, 38, 71, 98, 177
Atsena Otie Island 146, 148 f.
Austern 134 ff.

B

Bahia Honda State Park 226 ff.
Bailey-Matthews
   National Shell Museum 188 ff.
Ball & Chain 47, 49
Bartlett, Evelyn F.
   und Frederic C. 59, 60
BB&T Center 66
Big Bend Scenic Byway 135
Big Pine Key 248
Bill Baggs Cape State Park 57
Biscayne National Park 55
Bogart, Humphrey 214 f.
Bonnet House 58 ff.
Brickell (Miami) 38
Buffett, Jimmy 190 f.
Bürgerkrieg 114, 115, 117
Busch Gardens (Tampa) 161, 165
Bush, George W. 192

C

Cabbage Key 190 ff.
Ca' d'Zan (Sarasota) 179, 181
Calle Ocho (Miami) 47, 49, 50
Caloosahatchee River 198
Canaveral National Seashore 101
Cape Canaveral 94 ff., 170
Cape Florida Lighthouse (Key
   Biscane) 57
Cape St. George Island 138
Capitman, Barbara 31
Captiva Island 186 ff., 192 f.
Carabelle 135
Carter, Jimmy 74, 192
Castillo de San Marcos 103, 105
Castro, Fidel 46 f.
Cathedral Basilica
   of St. Augustine 103
Cedar Key 16, 146 ff.
Charles Hosmer Morse
   Museum of American Art 89
Cher 54
Chihuly, Dale 174 ff.
Churchill's Pub (Miami) 42 ff.
Clearwater 167, 170 ff.
Cocoa Beach 98 ff.
Colonial Quarter (St.
   Augustine) 104, 105
Crandon Park 55
Crandon Park Nature Center 57
Crystal River 146, 150 ff.
Cubaocho Museum &
   Performing Arts Center 46 ff.
Cuba Tobacco Cigar Co. 47, 50 ff.
Cumberland Island 118, 121

D

Dale, Dick 44
Dalí, Salvador 174 ff.
Daniels, Dave 42 ff.
Delfine 148, 170 ff., 187, 208, 221
Design District Miami 20, 38
DiMenna 98
Disney World 4, 83, 85
Dog Island 138
Dolphin Research Center 221
Dry Tortugas National Park 221
Dunedin 168

E

Eastpoint	135
Edison, Thomas	198 ff.
Edison & Ford Winter Estates	198 ff.
Edward Ball Wakulla Springs State Park	133
Eisenbahn	22, 166 ff.
Everglades	5, 17, 22, 54 ff., 58 ff., 206 ff., 250
Everglades City	206 ff.
Everglades National Park	209

F

Faber, Eberhard	146, 149
Fahrrad	161, 166, 242
Fahrradverleih	169
Ferguson, Gogo	121
Fernandina Beach	118 ff.
Fifth Avenue (Naples)	202 ff.
Flagler, Henry	22, 226 ff.
Florida Botanical Gardens	167
Florida Folk Festival	123
Florida Museum of Photographic Art	159
Florida-Panther	66, 67
Florida Panthers (NHL-Team)	66 ff.
Florida Territory	114
Ford, Henry	198 ff.
Forgotten Coast	11, 16, 134 ff.
Fort George Island	115, 117
Fort Lauderdale	58 ff., 66, 69, 219
Fort Myers	198 ff.
Foster, Stephen	122

G

Gainesville	147
Garcia, Andy	54
Gates, Bill	74
Gatorland	83
Gehry, Frank O.	12, 34 f.
Georgia	114 ff., 121, 125
Glazer's Children Museum (Tampa)	159
Goldman, Tony	40
Golf von Mexiko	16, 125, 128 ff., 138 ff., 143, 150
Green's Pharmacy	74 ff.
Greyfield Inn	118
Grüner Tourismus	121, 246 ff.

H

Hemingway, Ernest	14, 192, 230 ff., 244
Hepburn, Katherine	192, 215
Herzog & de Meuron	33
Highway 1	12, 243
Historic Coast	134
Homestead	227
Homosassa	146, 152
Hugh Taylor Birch State Park	59, 61
Hunter Spring Park	153
Hurrikane	22, 30, 138 ff., 147, 228 f.
Huston, John	214 f.

J

Jacksonville	115, 122, 227
J.N. „Ding" Darling National Wildlife Refuge	187, 189

K

Kennedy, Familie	121, 237
Kennedy Space Center	94 ff., 100, 166
Key Biscayne	54 ff.
Key Largo	55, 214 ff.
Key Lime Bike Tours	242 ff.
Key West	4, 14, 22, 110, 162, 226, 230 ff., 234 ff., 238 ff., 242 ff.
King's Bay	150, 152
Kingsley, Zephaniah	115 f.
Kingsley Plantation	114 ff.

L

Lake Osceola	86 ff.
Latitudes	238 ff., 241
Leu, Harry P.	90 ff.
Leu Gardens	90 ff.
Lido	181
Lignumvitae Key	223
Lincoln Road Mall	30 ff.
Little Haiti	21, 42 ff.
Little Havana	13, 15, 46 ff., 50 ff.
Little White House (Key West)	234 ff.
Longboard Key	181
Lovegrove, Leoma	194 ff.
Lower Matecumbe Key	222, 225

M

Mallory Square (Key West)	238 f.
Manatis	11, 133, 146, 149, 150 ff., 208, 221, 250
Mangroven	17, 56 f., 209, 221, 250
Mar-a-Lago	74 f.
Marathon	218 ff.
Marco Island	205
Marine Aquarium (Clearwater)	170 ff.
Matlacha Island	194 ff.
Mayport Village	117
Mediterranean Revival Style	70 ff., 89
Merriweather Post, Marjorie	74
Miami	4, 12 f., 14, 15, 20, 22, 26 ff., 86, 158, 219, 221, 225, 226 ff., 246, 251
Miami Culinary Tours	49
Mizner, Addison	70 ff.
Morean Arts Center (St. Petersburg)	174 ff.
Morse, Eleanor R. und Albert R.	174 f.
Myakka River State Park	182 ff.

N

Naples	202 ff.
NASA	94 ff.
Native Americans	160
New World Center (Miami)	34 ff.

O

Okefenokee National Wildlife Refuge	125
Orange County	90
Orlando	4, 78 ff., 82 ff., 158
Overseas Highway	13, 214, 222

P

Palace Saloon	118 ff.
Palm Beach	17, 22, 70 ff., 74 ff., 226
Panama City Beach	142 ff.
Panhandle	13, 16, 126 ff., 133
Patterson, James	74
Pensacola	4, 194, 227, 248
Pine Island Sound	190
Pinellas Trail	166 ff.
Presley, Elvis	233

R

Ramos, Roberto	47 ff-
Redneck-Riviera	142 ff.
Ringling, John	19, 178 ff.
Riverwalk (Tampa)	158 ff.
Robbie's Marina	222 ff.
Rockefeller, Familie	118, 120
Rollins College (Orlando)	85, 89
Ron Jon Surf Shop	98 ff.
Roosevelt, Franklin D.	234
Rubell Museum (Miami)	41

S

Sanibel Island	18, 186 ff. 250
Sarasota	19, 178 ff., 182 ff.
Sarasota Opera	181
Sawgrass Mills	62 ff.

Schildkröten	8, 184, 218 ff., 248
Seaworld	83
Sebring	248
Seminolen	115
Shell Island	144
Singer, Paris	72
Sloppy Joe's (Key West)	230 ff.
Smith, Franklin W.	108 f.
Snowbirds	68, 107
Soundscape Park (South Miami Beach)	35, 37
South Beach	12, 14, 30 ff., 38 ff.
Southernmost Point (Key West)	244
Space Coast	134
Spanish Harbour Key	229
Spring Break	142
St. Augustine	102 ff., 106, 110 ff., 134, 198, 226
St. Augustine Distillery	110 ff.
Stephen Foster Folk Culture Center State Park	122
Stewart, Rod	74
St. Johns River	117
St. Joseph Peninsula	138 ff.
St. Petersburg	166 ff., 174 ff.
Sunset Key	238 ff.
Surfen	44, 98 ff.
Suwannee River	122 ff., 149

T

Tallahassee	122, 130, 146
Tamiami Trail	50
Tampa	50, 158 ff., 227
Tampa Bay History Center	159
Tampa Bay Lightning	69, 159
Tarpon Springs	166 ff.
Ten Thousand Islands	202, 206 ff.
The Breakers Hotel (Palm Beach)	10, 77
The Dalí Museum (St. Petersburg)	174 ff.
The Green Parrot (Key West)	230 ff.
The Hold Steady (Band)	163
The Ringling	19, 178 ff.
The Wheel at Icon Park (Orlando)	83
T. H. Stone Memorial State Park	140
Timucuan Ecological and Historic Preserve	117
Truman, Harry	187, 234 ff.
Trump, Donald	74 f., 196
Turtle Hospital	218 ff.

U

U2 (Band)	44
Universal Studios (Orlando)	4, 21, 83
US Astronaut Hall of Fame	97

V

Vero Beach	248
Villa Zorayda	106 ff.
Vincent Island	138
Virginia-Eichen	87, 118

W

Wakulla Springs	11, 128, 130 ff.
Wandern	189
Water Works Park	159
White Springs	122 ff.
White Sulphur Springs	124
Winery, San Sebastian Winery	113
Winter Park	82 ff. 93
Worth Avenue (Palm Beach)	70 ff.
Wynwood (Miami)	12 f., 38 ff.
Wynwood Walls	38 ff.

Y

Ybor City	159, 162 ff.

Z

Zigarren	15, 50 ff., 162 ff.

Bildnachweis:
Alle Bilder von Ralf Johnen außer Averette cc by 3.0 S. 20 | Bobak Ha'Eri cc by-sa 2.5 S. 158 | Cathalaurenzi cc by-sa 4.0 S. 100 | D Kell pixabay S. 19 | DanTD cc by-sa 4.0 S. 160 | David Broad cc by 3.0 S. 21 | Doug Kerr cc by-sa 2.0 S. 18 | Ebyabe cc by-sa 3.0 S. 16o, 16u, 23 | James St. John cc by 2.0 S. 18 | Jorge Lascar from Australia cc bxy 2.0 S. 14 | Maps4news S. 25, 25, 29, 81, 129, 157, 213 | Michelle Reponi pixabay S. 15o | Oliver Zuehlke pixabay S. 17u | Olivia BM123 cc by-sa 4.0 S. 106/107 | Paul Brenna pixabay S. 78/79 | pxhere.com cc0 S. 82 | Sharon Hahn Darlin cc by 2.0 S. 15u | Themcock cc by-sa 3.0 S. 17o | Visit Orlando S. 84